GOLDMANN

Buch

Die Ereignisse, die sich 1989/90 in der DDR vollzogen haben, standen so im Vordergrund, daß darüber die Entwicklung, die bei den Osteuropäern stattgefunden hat, ganz in Vergessenheit geriet. Dabei ist das, was sich in Polen vollzogen hat, im Grunde viel erstaunlicher, denn dort begann der Prozeß der Befreiung vom Kommunismus ja schon 1980 mit dem Entstehen der Solidarnosc-Bewegung, also lange bevor Gorbatschow Generalsekretär wurde und die Entspannung einleitete. Die hier zusammengestellten Kapitel lassen noch einmal deutlich werden, wie aufregend die Entwicklung jener Jahre gewesen ist, in denen die Polen es fertigbrachten, sich nach und nach von den Fesseln des kommunistischen Zwangssystems zu befreien.

Marion Gräfin Dönhoff hat die Geschichte unseres Nachbarn Polen seit Ende der fünfziger Jahre mit Artikeln und Reportagen in der ZEIT begleitet. Der vorliegende Band stellt eine von ihr getroffene Auswahl dieser Reportagen zusammen: Ein Geschichtsbuch über das Verhältnis zwischen Deutschen und Polen.

Autorin

Marion Gräfin Dönhoff wurde 1903 in Ostpreußen geboren. 1945 floh sie aus ihrer Heimat. 1946 wurde sie Redakteurin, 1968 Chefredakteurin und 1972 Herausgeberin der Wochenzeitung *Die Zeit*. Neben ihrer journalistischen Tätigkeit verfaßte sie mehrere Bücher zu politischen und zeitgeschichtlichen Themen.

Marion Gräfin Dönhoff
Polen und Deutsche
Die schwierige Versöhnung

Betrachtungen aus drei Jahrzehnten

GOLDMANN VERLAG

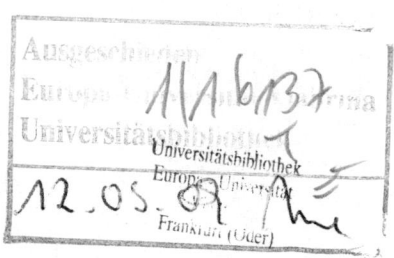
Umwelthinweis:
Alle bedruckten Materialien dieses Taschenbuches
sind chlorfrei und umweltschonend.

Der Goldmann Verlag
ist ein Unternehmen der Verlagsgruppe Bertelsmann

Made in Germany · 1. Auflage · 4/93
Genehmigte Taschenbuchausgabe
© 1991 by Luchterhand Literaturverlag, Hamburg
Umschlaggestaltung: Design Team München
Umschlagfoto: Ingrid von Kruse
Druck: Presse-Druck Augsburg
Verlagsnummer: 12405
SD · Herstellung: Heidrun Nawrot
ISBN 3-442-12405-0

Inhalt

*Marion Gräfin Dönhoff hat die Geschichte unseres
Nachbarn Polen seit Ende der fünfziger Jahre mit
Artikeln und Reportagen in der ZEIT begleitet. Der
vorliegende Band stellt eine von ihr und mir gemeinsam
getroffene Auswahl dieser Artikel zusammen: Ein
Geschichtsbuch des Verhältnisses von Deutschen und
Polen.*

Freimut Duve

Vorwort

Die Ereignisse, die sich 1989/90 in der DDR vollzogen haben, standen so im Vordergrund, daß darüber die Entwicklung, die bei den Osteuropäern stattgefunden hat, ganz in Vergessenheit geriet. Dabei ist das, was sich in Polen vollzogen hat, im Grunde viel erstaunlicher, denn dort begann der Prozeß der Befreiung vom Kommunismus ja schon 1980 mit dem Entstehen der Solidarność-Bewegung, also lange bevor Gorbatschow Generalsekretär wurde und die Entspannung einleitete.

Die hier zusammengestellten Artikel lassen noch einmal deutlich werden, wie aufregend die Entwicklung jener Jahre gewesen ist, in denen die Polen es fertigbrachten, sich nach und nach von den Fesseln des kommunistischen Zwangssystems zu befreien. Es war ein langer Weg vom Aufstand in der Lenin-Werft 1980 bis zum Runden Tisch in Warschau im April 1989: Improvisierte Streiks, Verzweiflung, Ratlosigkeit, Boykott, Zufälle, Konfrontation und Nachgiebigkeit wechselten miteinander, bis es schließlich zum Konsens zwischen der Regierung und den Oppositionsgruppen kam.

Zugute gekommen ist den Polen dabei ihre einzigartige Geschichte, die sie zu Aufsässigkeit und Konspiration erzog, aber auch, wenn erforderlich, zur Bereitschaft, Konzessionen zu machen. Religion, Kirche und Nationalbewußtsein haben den Zusammenhalt der polnischen Nation ermöglicht, ungeachtet von Teilung und Fremdherrschaft. Überdies: Es gab in Polen immer einen gewissen Pluralismus, denn Kirche und Partei waren fast gleich mächtig.

Die Polen sind die ersten gewesen, die 1980 das »Absterben« des Kommunismus und das Schwachwerden der sie beherrschenden Partei bemerkten. Schon damals, Anfang der 80er Jahre, zeigte sich, daß in Polen die Regierung allmählich stärker wurde als die Partei, daß also Pragmatismus wichtiger genommen wurde als Ideologie. Die Polen sind ohne Zweifel die ersten gewesen, die die großmächtige kommunistische Partei gezwungen haben – Schritt für Schritt – Macht abzugeben. Viele Oppositionelle haben dafür lange Zeit im Gefängnis gesessen.

Seit 1939 kennt dieses Volk nur Krieg, Zerstörung, Knappheit und ständige Entbehrung. Durch das ihnen aufgezwungene System sind sie zur Passivität, Resignation und Skepsis erzogen worden. Jetzt muß der Westen helfen, damit nicht die dritte Generation in graue Hoffnungslosigkeit geboren wird.

Marion Dönhoff
Hamburg im Dezember 1990

I

Deutsche und Polen –
Nachbarn seit tausend Jahren
Zur Einführung

»Polen ist das erste Opfer des durch Hitler vom
Zaun gebrochenen Zweiten Weltkrieges gewesen.
Darum soll den Polen jetzt im Grenzvertrag völkerrechtlich verbrieft werden, was das Parlament und
schließlich auch der Bundeskanzler ihnen bereits
zugesichert haben: das Recht, in sicheren Grenzen
zu leben, die nicht durch deutsche Gebietsansprüche in Frage gestellt werden.«

Deutschland und Polen – Nachbarn seit tausend Jahren . . .
Was kann vor diesem Hintergrund ein einzelner Tag im
November 1990 bedeuten, der Tag, an dem sich Bundeskanzler
Kohl und Ministerpräsident Mazowiecki an der Oder treffen? Er
kann viel, sehr viel bedeuten; vielleicht werden die beiden Regie-
rungschefs gemeinsam über die Brücke gehen, die ihre Länder
viele Jahre trennte, sie nun aber verbinden soll.

In der Geschichte sind es die Symbole, die zählen – normale
Zeiten laufen wie Sand durch das Stundenglas. Solch ein Symbol,
das sich wie eine Legende tief in die Seele der Völker eingegraben
hat, war auch der Kniefall Willy Brandts in Warschau, jener
Stadt, die laut Hitlers Befehl dem Erdboden gleichgemacht
werden sollte. Und sie wurde dem Erdboden gleichgemacht: Am
Schluß lebten nur noch zweitausend Menschen in den Trümmern
dieser einst so eleganten Metropole.

Für mich – wenn ich einen Moment von mir sprechen darf –
war die Situation symbolisch, die mich 1945 zusammen mit
Hunderttausenden von Flüchtlingen und Vertriebenen von Ostpreußen in den Westen über die Landstraßen trieb, bis ich nach
sieben Wochen etwa in der Gegend ankam, aus der sechshundert
Jahre zuvor meine Vorfahren ausgezogen waren, um sich im
Osten anzusiedeln. Sechs Jahrhunderte Geschichte ausgelöscht.

Polen und Deutsche haben einander vieles angetan. Aber nur
wer die Geschichte des Ostens nicht kennt, meint, jene Jahrhunderte seien eine einzige Kette von Kriegen, Raubzügen und
Feindschaften gewesen. Dies trifft nicht zu. Gewiß, da waren die
drei Teilungen Polens im letzten Viertel des 18. Jahrhunderts,
bei denen auch Preußen sich bereicherte, wenngleich Rußland in
allen drei Fällen (1772, 1793, 1795) den Löwenanteil einsteckte.

Es hat aber in den deutsch-polnischen Beziehungen nicht nur
düstere Kapitel gegeben, sondern viele lichte Momente enger
freundschaftlicher Beziehung und gegenseitiger Befruchtung.

Alle geistigen Bewegungen seit dem Mittelalter sind über die deutsche Sprache von West nach Ost vermittelt worden: die katholische Theologie, die Ideen der Reformation, später die der Aufklärung und des Humanismus. Bis zum Zweiten Weltkrieg – bis Hitler alles aufs Spiel setzte – war Deutsch die Lingua franca in Osteuropa.

Es gab lange Zeiten fruchtbarer Koexistenz, in denen viele Polen zufrieden in Deutschland lebten und Deutsche in Polen dienten. Man kann sich heute gar nicht vorstellen, wie vielfältig jahrhundertelang, von Melanchthon bis Schiller, der geistige Austausch war. Der berühmte Astronom Kopernikus, dessen Eltern Deutsche waren, diente mit großer Loyalität dem polnischen Staat.

Karl Dedecius, der bekannte Polen-Interpret, schildert, wie fasziniert Adam Mickiewicz – mit dem Ende des 18. Jahrhunderts die moderne polnische Literatur begann – von Schiller gewesen ist, diesem stets rebellischen Geist: »Nachdem er Maria Stuart gelesen hatte, rief er aus: ›Alles ist wundervoll. Erbarmt euch und schickt mir irgend etwas Deutsches, denn ich habe für meine besten Augenblicke nichts mehr zu lesen.‹« Und der polnische Freiheitsheld General Dabrowski (»Noch ist Polen nicht verloren«), der nach der dritten Teilung in Italien die polnische Legion aufstellte, führte Schillers Gedichte in der Satteltasche mit.

Erst im Zeitalter des Nationalismus hat Polen, eingezwängt zwischen Deutschland und Rußland, eine leidvolle Geschichte durchlebt. Der Begriff der Nation, der seit den Tagen Napoleons die entscheidende Rolle in unserer angeblich so zivilisiert gewordenen Welt übernahm, hat viel Unheil gestiftet: Barrieren errichtet, Haß erzeugt, Arroganz gefördert, Untaten und Verbrechen abgesegnet. Es ist Zeit, daß wir darangehen, das europäische Haus zu bauen, zu dem auch die Polen streben.

Polen ist das erste Opfer des durch Hitler vom Zaun gebrochenen Zweiten Weltkrieges gewesen. Darum soll den Polen jetzt im Grenzvertrag völkerrechtlich verbrieft werden, was das Parlament und schließlich auch der Bundeskanzler ihnen bereits zugesichert haben: das Recht, in sicheren Grenzen zu leben, die nicht durch deutsche Gebietsansprüche in Frage gestellt werden.

Dies bedeutet für alle Deutschen, die einst auf der anderen Seite der Oder ihre Heimat hatten, einen schmerzlichen Schnitt. Vielen blutet das Herz, und der Zorn ist groß, wenn sie daran denken, daß die Polen immer von ihren »wiedergewonnenen Gebieten« sprachen, daß in der Öffentlichkeit deutsch zu sprechen unter Strafe stand und deutsche Namen auf den Friedhöfen gelöscht wurden. Aber Revisionismus wie nach dem Ersten Weltkrieg darf nicht abermals die Losung sein.

Wir müssen wieder lernen, in einer Gemeinschaft zu leben und weniger von nationaler Identität zu reden. Früher ging das auch, es gab viele Dörfer in Oberschlesien, die zweisprachig waren. Dedecius, der in Lodz in Polen aufgewachsen ist, erzählt, daß in seiner Klasse damals sieben Deutsche, fünfzehn Polen, sechs Juden und zwei Franzosen beisammensaßen.

Neben dem Grenzvertrag geht es um einen Vertrag über Zusammenarbeit und gutnachbarliche Beziehungen. Dazu gehören auch Fragen, die die deutsche Minderheit betreffen, deren Existenz die Polen bisher stets bestritten hatten. Es ist klar, daß die normalen Bürgerrechte, die den Deutschen lange Zeit vorenthalten wurden, garantiert werden müssen, also das Recht auf die eigene Sprache und deutsche Gottesdienste ... Aber die Gefahr besteht, daß nun jeder immer neue Forderungen in die Wunschliste packt – vor allem die schlesische Landsmannschaft, denn in Schlesien lebt das Gros der deutschen Minderheit. Plebiszite über die deutsche Staatszugehörigkeit, deutsche Kindergärten, deutsche Gymnasien – aber genau davor muß man warnen. Wo anders als im frühesten Alter kann man selbstverständliche Gemeinschaft lernen?

Der Informationsdienst aktuelles Zeitgeschehen AIZ brachte in seiner Oktoberausgabe einige Zitate aus der Zeitschrift *Theologisches*, die offenbar ein Zentrum antipolnischer, rechtskatholischer Aktivitäten ist. Der Herausgeber, Monsignore Böckelmann, entrüstet sich dort über »jene Internationalisten, denen die Massen von Asylschwindlern, die sich bequem ins bundesdeutsche Sozialnetz fallen lassen, heiliger sind als die eigenen Landsleute, die Geschicke Ostdeutschlands und die Tragödie seiner ostdeutschen Bewohner«.

Lothar Groppe, ein Jesuit, schreibt am gleichen Ort: ». . . anzunehmen, daß wir freiwillig auf uraltes deutsches Land, das in acht Jahrhunderten zu höchster Blüte gebracht wurde, verzichten würden, verriete eine Naivität, die kaum zu überbieten ist.« Und der Generalsekretär des Bundes der Vertriebenen, Hartmut Koschyk, der bis vor kurzem — wie Czaja und Hupka — die Grenzen von 1937 forderte, meinte unlängst: Falls »das Grenzanerkennungsdiktat Polens« erfolgreich sein sollte, müßte Polen mindestens 380 Milliarden Mark Entschädigung zahlen.

Sie alle haben nicht begriffen, daß die Realität längst postnational ist. Die Strukturen sind es, weil Wirtschaft nur noch großräumig funktioniert; das gleiche gilt für Umwelt, Verkehr, Kommunikation. Viele Menschen jedoch sind in den alten Schienen festgefahren. Ihr Bewußtsein gaukelt ihnen noch immer vor, der Nationalstaat sei, wie zu Kaiser Wilhelms Zeiten, das höchste Ziel und die optimale Form gesellschaftlicher Organisation.

Die Polen haben als erste — noch vor Gorbatschow — die Grundsteine zum gemeinsamen europäischen Haus gelegt. Die Rebellion der Solidarność, begonnen im Jahre 1980, hat nach langen Jahren einer mit hartnäckiger Geduld durchgehaltenen, stillen Revolution schließlich erreicht, daß die Allmacht des kommunistischen Regimes zusammenbrach und ein freiheitlich-pluralistisches System an dessen Stelle trat. Alle Nachbarn haben von diesem Modell profitiert.

Als im Herbst 1989 in Dresden, Leipzig und Berlin Hunderttausende schweigend und ohne Gewalt anzuwenden durch die Straßen zogen und kurz darauf die Machthaber stürzten, das Politbüro verschwand, die Partei sich auflöste, da konnten wir alle den erregenden Vorgang beobachten, wie Macht zu Ohnmacht wurde und Ohnmacht sich in Macht verwandelte. Nicht Raketen haben dies bewirkt, sondern die Sehnsucht der Menschen nach Freiheit und Gerechtigkeit. Was jetzt not tut, ist eine loyale Haltung gegenüber der neuen polnischen Demokratie, die zum ersten Mal bereit ist, den Deutschen ihre Minderheitsrechte zu garantieren. Dies sollten die Funktionäre der Landsmannschaft und auch einige andere Aktivisten beherzigen.

Es ist Zeit, daß Deutsche und Polen sich den Aufgaben der Zukunft Europas zuwenden. *9. November 1990*

2

Wir brauchen
eine neue Ostpolitik
(1962)

»Nein, wir haben bislang wirklich keine Ostpolitik
gehabt. Unsere Welt war der Westen. Da haben
wir eine sinnvolle, phantasiereiche Politik gemacht,
haben integriert und uns mit den ehemaligen Feinden ausgesöhnt. Aber diese unsere Welt endete am
Eisernen Vorhang, und was jenseits dieser Grenze
geschah, das war uns herzlich gleichgültig.«

Wir haben keine Ostpolitik

Warum, so fragte mich kürzlich ein Abgeordneter des Bundestages, reden Sie soviel von der Notwendigkeit engerer Kontakte mit Polen? Was versprechen Sie sich eigentlich davon? Meine Antwort: »Wenn von 1945 bis heute zwischen uns und beispielsweise Norwegen, Benelux und Frankreich ein so undurchdringlicher Eiserner Vorhang bestanden hätte wie zwischen uns und den osteuropäischen Staaten, dann würden auch die westlichen Nachbarn uns heute noch für Militaristen und Nazisten halten.«

Stellte er mir dieselbe Frage heute – nach einem längeren Aufenthalt in Polen – noch einmal, so würde ich antworten: »Wenn wir in der Vergangenheit mehr Kontakte gehabt hätten, wenn wir uns gegenseitig besser kennten, dann hätte der Vorsitzende des außenpolitischen Arbeitskreises der CDU, Ernst Majonica, jetzt nicht den so gutgemeinten, aber für die Polen so unverständlichen Vorschlag gemacht, dort Handelsmissionen zu errichten. Dann nämlich hätte er gewußt, daß die Polen keineswegs gespannt auf irgendein Angebot von uns warten, um dieses dann dankbar und entzückt anzunehmen, sondern daß sie sehr präzise Vorstellungen haben von dem, was sie wollen, und daß sie alles andere für eine Zumutung halten. Ihre Forderung heißt: volle diplomatische Beziehungen, und gerade die hat Majonica in jenem Aufsatz als indiskutabel bezeichnet.«

Der Abgeordnete Majonica hat es zweifellos gut gemeint, und er hat vollkommen recht, wenn er glaubt, die Öffentlichkeit der Bundesrepublik müsse erst einmal an den Gedanken einer Normalisierung der Beziehungen mit unseren östlichen Nachbarn gewöhnt werden, aber er irrt, wenn er denkt, diese innenpolitische Aufklärung werde außenpolitische Erfolge bringen. Er irrt sich, und das ist kein Wunder, denn solange die Bundesrepublik besteht – also seit 13 Jahren – ist auf offizieller politischer Ebene zwischen Bonn und Warschau kein Wort gewechselt worden. Woher also sollte man sich kennen?

Die Bundesrepublik hat bisher überhaupt keine Ostpolitik betrieben. Es sei denn, man bezeichne jene Faustregel: wer mit der DDR diplomatische Beziehungen hat, existiert für uns nicht, als Ostpolitik. Aber ich würde eher sagen, daß dies eine Art Struwwelpeter-Konzeption ist (»Nein, meine Suppe eß ich nicht«), die einen freilich nicht verwundert, wenn man den jüngsten Ausspruch des langjährigen ehemaligen Außenministers vernimmt. Herr von Brentano sagte laut dpa in Fulda, es sei nicht sinnvoll, davon zu sprechen, daß über eine Handelsmission kulturelle Beziehungen in den Oststaaten ausgebaut werden könnten. Kultur sei dort als Begriff ebenso entwertet wie einst im Dritten Reich.

Herr von Brentano hat offenbar noch nie etwas von der neuen polnischen Literatur oder der weltberühmten Plakatkunst Polens gehört, und sicherlich hat er noch nie den neuen Sejm in Warschau gesehen, mit dessen stilvoller Eleganz verglichen unser Parlament wie eine Mischung aus Bahnhof und Aula wirkt. Er hat sich offenbar noch nie Gedanken darüber gemacht, was es bedeutet, wenn die deutsche Sprache, die früher in Polen die erste Fremdsprache war, nicht gepflegt wird. Der Germanist in Warschau hat heute 24 Studenten und ist schon stolz darauf, daß es nicht noch weniger sind. Kultur also gibt es für Herrn von Brentano, der den großen deutschen Dichter Bert Brecht kurzerhand als Kommunisten abtut, nur im kapitalistischen Westen.

Ich erinnere mich an ein Gespräch unter ostpreußischen Kleinbürgern: »Was, der Otto Braun (damals preußischer Ministerpräsident) geht ins Theater, der ist doch Sozialdemokrat?« Sozialdemokraten hatten ungebildet zu sein, trugen Ballonmützen und waren ein für allemal Vaterlandsverräter. So dachten die ostpreußischen Kleinbürger 1929. Kultur gibt's nur im Westen, so denkt der ehemalige Außenminister und Fraktionschef der Regierungspartei im Jahr 1962.

Was schließlich der Durchschnittsbürger, auch gerade der politisch interessierte Bürger, auf der anderen Seite des Eisernen Vorhanges über den Westen denkt, das ist ebenfalls erschrekkend. Es sind Klischees, die mit der Realität nichts zu tun haben, die aber so lange liebevoll gehütet werden, wie sich keine Gelegenheit bietet, sie mit der Wirklichkeit zu konfrontieren.

Nein, wir haben bislang wirklich keine Ostpolitik gehabt. Unsere Welt war der Westen. Da haben wir eine sinnvolle, phantasiereiche Politik gemacht, haben integriert und uns mit den ehemaligen Feinden ausgesöhnt. Aber diese unsere Welt endete am Eisernen Vorhang, und was jenseits dieser Grenze geschah, das war uns herzlich gleichgültig. Da konnten Aufstände in Ungarn stattfinden und eine Revolution in Polen, das hatte auf unsere Beziehungen zu diesen Ländern keinerlei Einfluß, denn dort gibt's ja keine Kultur und keine Freiheit, und wir haben doch saubere Hände und wollen sie uns keinesfalls schmutzig machen!

Wer heute jenseits des Eisernen Vorhangs herumreist, stellt aber mit Verblüffung fest, daß dort zwischen den einzelnen Ländern ebenso große Unterschiede bestehen wie im Westen zwischen Holland und Italien – nur gibt es merkwürdigerweise viel weniger Kooperation untereinander, obgleich man doch so gern von dem monolithischen Block spricht. Für die meisten bei uns sind die osteuropäischen Länder alle gleich: es sind Kommunisten, also Satelliten Moskaus. Warum? Weil man sie nicht kennt.

Für die Polen fängt die Zeitrechnung nicht mit dem Jahr eins, sondern mit dem Jahr 1956 an: jede Mitteilung, jede Betrachtung, beginnt: »Seit 1956...« Die Reform der Hochschulen, der Umbau des Wirtschaftssystems, die Wiedergewinnung gewisser bürgerlicher Freiheiten, alles datiert von 1956. Damals, gleich damals, wäre der Zeitpunkt gewesen zu sagen, dieses Polen, das im Gegensatz zu Jugoslawien seit der stalinistischen Zeit Beziehungen zur DDR hatte und das jetzt zum erstenmal in einem gewissen Rahmen selbständig zu handeln vermag, mit diesem Lande wollen wir diplomatische Beziehungen aufnehmen.

Vieles ist verpaßt worden, aber auch heute ist es noch nicht zu spät. Polen drängt darauf, seinen Handel mit dem Westen zu vergrößern. Die antideutschen Erinnerungen verblassen allmählich – ein Ministerialbeamter sagte mir: »Die Jugend will von diesen Dingen nichts mehr hören, sie hat genug davon. Und ich, ich glaube manchmal nicht mal mehr das, was ich selbst erlebt habe.« Und schließlich ist jetzt ein Moment gekommen, in dem die Genugtuung über den Wiederaufbau, die Freude an den modernen Städten, Fabriken und Werften größer ist als der Schmerz über die ehemalige Zerstörung. (Ähnlich wie bei uns eines Tages niemand mehr von der verlorenen Tonnage sprach, sondern nur noch von den prachtvollen, modernen, neuen Schiffen.)

Es wäre also ein günstiger Moment. Die Hallstein-Doktrin als Hinderungsgrund? Mein Gott, es gäbe ja genug Gründe, Ausnahmen zu machen. Und es kann doch nicht sein, daß ein Volk, welches so erfinderischen Geistes ist, daß es im juristischen Bereich zu definieren vermag: »Hunde im Sinne des Gesetzes sind auch Katzen«, daß ein solches Volk keine Begründung finden kann, um die Hallstein-Doktrin für die osteuropäischen Staaten, die in ihrer Außenpolitik nicht so frei sind wie die Neutralen, differenziert anzuwenden.

Und die Oder-Neiße-Linie? Die Polen behaupten, die Oder-Neiße-Grenze sei die endgültige Grenze zwischen ihnen und uns. Sie sind der Meinung, jedes Wort, das über diesen Gegenstand gesprochen werde, sei verschwendet. Wenn ihnen dennoch so außerordentlich viel an einer Anerkennung durch uns gelegen ist, so auch deshalb, weil sie, die selber soviel durchgemacht haben und die wissen, was es heißt, entwurzelt zu werden, ein schlechtes Gewissen haben. Beweis: In ihrer offiziellen Schrift »Polen, Zahlen und Fakten« heißt es: »Die Vertreter der alliierten Mächte präjudizierten auf der Potsdamer Konferenz noch vor dem Friedensvertrag viele Probleme, indem sie unter anderem die Aussiedlung der deutschen Bevölkerung aus den polnischen Gebieten anordneten . . .«

Heute steht ein langfristiger Handelsvertrag so sehr im Vordergrund, daß man die Grenzfrage wahrscheinlich ausklammern könnte. Zu ihr wäre zu sagen, daß der Bundeskanzler und das Parlament mehrfach feierlich erklärt haben, die Bundesrepublik würde nie den Versuch machen, sich mit Gewalt in den Besitz dieser Territorien zu setzen. Das ist mehr, als in den letzten zweitausend Jahren ein Volk in ähnlicher Situation je ehrlich zu versprechen bereit war. Die polnischen Familien, die heute in unseren alten Ostgebieten leben, ihre Kinder, die dort geboren sind, sie alle brauchen sich keine Sorgen zu machen, niemand hat die Absicht, sie gewaltsam von dort wieder zu vertreiben.

Dieser Gewaltverzicht sei nicht glaubhaft? Ja, wenn der nicht glaubhaft ist, wie könnte dann ein Territorialverzicht Glauben finden? Würde es nicht, selbst wenn wir endgültig auf das Territorium verzichteten, bei jeder Division, die in der Bundesrepublik neu aufgestellt wird, heißen: »Aha, die Revisionisten rüsten wieder.« Würde nicht bei jeder Rede, die auf irgendeinem »Heimattreffen« gehalten wird – und wer könnte sie verhindern? – der Verdacht entstehen, die Deutschen haben nur verzichtet, um die polnische Wachsamkeit einzuschläfern?

Nein, der Argwohn, der aus den bösen Erfahrungen mit uns und dem eigenen schlechten Gewissen erwächst, den kann keine Erklärung ausräumen, er findet immer wieder neue Nahrung; immer wird das Mißtrauen bleiben, daß eines Tages eine Regierung kommen könnte, die sich über den Verzicht hinwegsetzt.

Darum gibt es für beide nur eine Sicherheit, nämlich friedlich und normal miteinander zu leben. Und darum sollte man jetzt nicht von Handelsmissionen reden, weil die Polen befürchten, daß ein solches Provisorium ewig dauern und die wirkliche Normalisierung nur verhindern würde, sondern man sollte endlich den Abschluß langfristiger Handelsverträge mit den osteuropäischen Staaten vorantreiben und mit Polen die Aufnahme diplomatischer Beziehungen vorbereiten. Es gibt nur diesen Weg.

Wir wollen ihn gehen«, sagte mir ein Pole, »denn ihr werdet auch in hundert Jahren noch unsere Nachbarn sein.«

5. Oktober 1962

3
Nach siebzehn Jahren —
die erste Reise nach Polen
(1962)

»Das eigentliche ›Vaterland‹ ist wohl doch durch
die Landschaft verkörpert und nicht durch die
Nation. Jetzt, da ich auf den östlichen Landstraßen
reise, von Posen nach Warschau und vom Rand
der Masurischen Seen im Norden bis hinunter zu
den bewaldeten Hügeln der Karpaten, wirkt dieses
polnische Land unendlich vertraut auf mich. Ja, das
Land ist vertraut. Aber wie würde es mit den
Menschen sein?«

Von 1945 bis 1962, das sind siebzehn Jahre – eine halbe Generation. Nach siebzehn Jahren also zum ersten Mal wieder unter östlichem Himmel. Es ist September, aber der Sommer war auch hier naß und kalt, und so stehen allenthalben noch Hocken auf den endlosen Feldern, die am Horizont bis in den Himmel hinaufsteigen.

Große, alte Alleen, Kopfsteinpflaster in den Dörfern, Sonnenblumen in den Vorgärten der hellgetünchten Häuser, Pferdeäpfel auf allen Straßen, Scharen von schneeweißen Gänsen auf den Stoppelfeldern: das ist der Osten. Ungezählte edle Pferde. Seit Jahren sah ich nicht so viele Pferdefuhrwerke und so wenige Autos.

Das eigentliche »Vaterland« ist wohl doch durch die Landschaft verkörpert und nicht durch die Nation. Jetzt, da ich auf den östlichen Landstraßen reise, von Posen nach Warschau und vom Rand der Masurischen Seen im Norden bis hinunter zu den bewaldeten Hügeln der Karpaten, wirkt dieses polnische Land unendlich vertraut auf mich. Ja, das Land ist vertraut. Aber wie würde es mit den Menschen sein?

Ich kannte quälende Gespräche mit polnischen Bürgern, welche die Bundesrepublik bereisen: Noch keine zehn Minuten, und man ist unweigerlich bei dem Thema Globke, Reinefarth, Oberländer und Nazigenerale, und dann folgt automatisch die Diskussion über die Grenze, die wiederum das Thema Revisionismus auslöst. Aber diesmal hatte ich mich ganz umsonst gewappnet. Vielleicht, weil alle jene Themen inzwischen überlagert worden sind von der einen Sorge, die durch die Stichworte Atomwaffen und deutsch-französische Allianz gekennzeichnet wird. Diesen Zweifeln begegnete ich hier auf Schritt und Tritt, gleichgültig, ob das Gespräch mit Professoren, Ministern, Journalisten oder irgendeinem zufälligen Passanten geführt wird.

Vielleicht aber wurden mir jene alten Themen auch deshalb

erspart, weil die Polen bei sich daheim das gastlichste, ritterlichste Volk der Welt sind. Nie wird man angesprochen auf das, was in der Hitler-Zeit hier angerichtet wurde. Aber wenn man nach der Ausbildung, der Studienzeit, der Heimatstadt fragt, dann stellt sich heraus, daß jeder, wirklich jeder Pole, ein Schicksal hat. Heute führte mich ein Angestellter der Lenin-Hütte, Akademiker und Mitglied des Arbeiterrats, durch das riesige Kombinat Nowa Huta; den ganzen Vormittag hatten wir Hochöfen, Walzstraßen, soziale Einrichtungen besichtigt, dann stellte sich gesprächsweise heraus, daß er vier Jahre in einem KZ zugebracht hat. Seine Frau befand sich währenddessen in einem anderen Lager; der Schwiegervater ist in Auschwitz umgekommen, der Brunder von der SS erschossen worden: »Aber meine Frau und ich haben uns wiedergefunden, und nun ist alles schon lange her . . .«

Ich besuchte unangemeldet einen Professor in Warschau. Als ich mich bei seiner Frau für den »Überfall« – es wurde wie immer sogleich Kaffee aufgetragen – wortreich entschuldigte und sie mich nicht recht verstand, sagte er: »Meine Frau spricht nicht gut Deutsch, sie hat es nur im Lager in Auschwitz gelernt.« Und da sah ich auch schon die eintätowierte Lagernummer auf dem linken Arm der schönen, eigentümlich strahlend wirkenden Frau – sie muß damals ganz jung gewesen sein.

Ich aß mit einem jungen Journalisten: ». . . nein, ich habe nur das Untergrund-Abitur.« In der Besatzungszeit waren nämlich alle höheren Schulen geschlossen, denn die Polen sollten ja auf den Stand eines primitiven Volkes zurückentwickelt werden. Da bildeten die Polen ihre Jugend heimlich in Kellern und Privathäusern aus. Ich ging mit einem Schriftsteller durch Warschau: »Sehen Sie, dort, in jener Kirche lag ich vierzehn Tage verwundet – während des Warschauer Aufstandes.«

Bei einem solchen Gang durch Warschau kommt man aus dem Schaudern nicht heraus. Der »Führerbefehl« nach dem

Warschauer Aufstand im Herbst 1944 hatte gelautet, die Stadt sei dem Erdboden gleichzumachen. Und die SS hatte es an Gründlichkeit nicht fehlen lassen. Als sie abzog, lebten nur noch 2000 Menschen in den Höhlen und Trümmern dieser einstigen Millionenstadt.

An mehreren Stellen Warschaus sind heute große Schaukästen mit Fotografien aufgestellt: Man sieht auf ihnen riesige Schutthalden, Gebirge von Trümmern, Schluchten, die einst Straßen waren, ganz selten einmal einen Turm, ein Haus, das stehen blieb und als Wegweiser in der neuerstandenen Szenerie dient. Um so großartiger ist, wie der Wiederaufbau der alten Hauptstadt nach Stichen und Gemälden von Canaletto vor sich ging, der einzigen Vorlage, die erhalten geblieben war. Unvorstellbar die Kosten, die der Neubau im alten Stil – Renaissance, Barock, Empire – verursacht hat. »Das hat den industriellen Aufbau des Landes um zwei Jahre verzögert«, sagte einer der amtierenden Minister, »aber es ist wichtig, das Geschichtsbewußtsein des Volkes wachzuhalten.«

Das ist aber auch die einzige Konzession, der einzige Tribut, den das neue Polen der romantischen Tradition zollt. In allen anderen Sachen herrscht ein erstaunlicher Pragmatismus. Und man staunt über die politische Klugheit, mit der dieses Land, das jahrhundertelang in Gefahr war, zwischen den östlichen und den westlichen Nachbarn zerrieben zu werden, sich außenpolitisch arrangiert und auch innenpolitisch jede Akkumulation von Druck vermeidet.

In den öffentlichen Lesehallen der Städte kann man amerikanische, englische, französische und westdeutsche Zeitungen lesen. Zwei wichtige Buchhandlungen vertreiben ausschließlich internationale Literatur – die eine wissenschaftliche, die andere belletristische Werke. Jedermann redet, wie ihm der Schnabel gewachsen ist: schimpft, glossiert, spottet – Angst vor Denunziation gibt es offenbar nicht, ebensowenig wie politische Gefangene. Theater, Zeitschriften, Diskussionen sind erstaunlich frei und von hohem intellektuellen Niveau.

Bei der Pflege des »Geschichtsbewußtseins«, von dem der Minister sprach, wird es allerdings mit der Geschichte, jedenfalls der »polnischen Westgebiete«, also der alten deutschen Ostgebiete, nicht sehr genau genommen. In der Schrift *Polen – Zahlen und Fakten*, die das Außenministerium verteilt, steht auf Seite 17: »... waren die Westgebiete unter deutscher Herrschaft größtenteils von bodenständiger polnischer Bevölkerung bewohnt, die zur Zeit des Ausbruchs des Zweiten Weltkrieges etwa 1,3 Millionen Menschen zählte.« Das Außenministerium weiß sehr wohl, daß die Behauptung »größtenteils von bodenständiger polnischer Bevölkerung bewohnt« eine glatte Lüge ist. Aber es läßt zu, daß dieser Schwindel in die internationale Berichterstattung eingeht. So hatte beispielsweise der Londoner *Observer* in der letzten Woche diese These gutgläubig übernommen. Selbst wenn die Zahl von 1,3 Millionen Polen richtig wäre – wie könnte das Wort »größtenteils« zustande kommen angesichts der aus diesen Gebieten vertriebenen rund acht Millionen Deutschen? Dann wäre ein Bruchteil zur Majorität der Bevölkerung erhoben!

Staat und Kirche Polens bestehen im Grunde auf ihrem Totalitätsanspruch an den Menschen. Aber die Machtverhältnisse sind so, daß beide genau wissen: Alles würde zusammenbrechen, wenn einer von beiden versuchen wollte, den anderen von der Bühne zu verdrängen. Nicht, daß die Kirche *materielle* Macht hätte! Aber sie besitzt die Loyalität des Volkes, und das hält der Macht des Staates die Waage, da die Regierung diesem Umstand nun einmal Rechnung tragen muß. Ich sah in Warschau die Kirche der Königin Maria, die den Soldaten der kommunistischen Armee als Gotteshaus dient. Sie wurde vor 1955 gebaut, zu der Zeit also, da Rokossowski Verteidigungsminister war. Damals, zur stalinistischen Zeit, pflegten Gomulka und Cyrankiewicz noch in der Fronleichnamsprozession mitzugehen.

Auch mit den Bauern hat der Staat es schwer. Die Bauern sind sehr konservativ und finden, daß der Kommunismus vielleicht für die Städter gut sein mag, keinesfalls aber für sie selber. Es war leicht, die Bauern gegen den Großgrundbesitz zu mobilisieren, aber sehr schwer, sie für das »vergesellschaftete« Eigentum zu erwärmen. Da der Bauer aber einstweilen noch ein sehr wesentliches Element des Staates darstellt, läßt man ihm seinen Willen und hofft auf den Säkularisierungsprozeß, der sich im Zuge der Industrialisierung zwangsläufig einstellen müsse: polnischer Pragmatismus. Im Landwirtschaftsministerium sagte man mir, daß nur 1,2 Prozent der landwirtschaftlichen Nutzfläche, das sind 1800 Betriebe, in Kolchosen zusammengefaßt seien. Vor 1956 waren es 13 Prozent – 10 000 Betriebe.

Die Majorität der Polen hat sich ganz offensichtlich mit dem Regime abgefunden. Ja, sie würden es wahrscheinlich sogar preisen, wenn es dem System gelänge, den Lebensstandard der Bevölkerung zu heben. Hier liegt die eigentliche Anfechtung, nicht, wie wir immer meinen, an einem Mangel an Freiheit. Ich habe niemanden, wirklich niemanden darüber klagen hören, daß man in Polen nicht genug Freiheit hätte. Wohl aber stellte jedermann, gleichgültig welcher Kategorie – der eine klagend, der andere gleichgültig oder auch resigniert – fest, daß er sehr wenig, allzu wenig verdiene und für dieses Verdienst sehr wenig und meist nur Waren ungenügender Qualität kaufen könne. Und in der Tat sind beispielsweise Textilien und Schuhe, die vergleichsweise das Dreifache kosten wie bei uns, in der Qualität etwa so beschaffen wie die unseren im Jahre 1949.

Ein paar Zahlen: Eine Verkäuferin verdient monatlich etwa 900 Złoty, eine Sekretärin 1200 Złoty, ein Arbeiter im Durchschnitt 1800, ein Ingenieur 3000, ein Minister 4000 bis 5000, der Generaldirektor von Nowa Huta, dem größten Eisen- und Hüttenwerk, 7000 Złoty. Die meisten der Genannten, einschließlich des Generaldirektors, können monatlich bei Übererfüllung der Plannormen bis zu 40 Prozent Prämie dazu erhalten. Es gibt drei Umrechnungskurse für den Złoty, daher ist es schwer zu sagen, wieviel er im Vergleich zur Mark eigentlich wert ist. Aber vielleicht gibt es einen gewissen Begriff, wenn man den Umrechnungskurs für Touristen nimmt, der sechs Złoty für eine DM beträgt. Danach verdient der Arbeiter soviel wie 300 Mark.

Viele Menschen üben zwei Berufe aus, einen Hauptberuf und außerdem noch irgendeine Nebentätigkeit – dennoch sind die Taschen der meisten ab Mitte des Monats leer. Im vorigen Jahr wurde das Mindesteinkommen von 600 auf 700 Złoty erhöht. Von dieser Maßnahme wurden damals 1,5 Millionen Leute betroffen! Der Wiederaufbau der Städte und die rasche Industrialisierung des Landes ohne Hilfe von außen konnte eben nur auf Kosten des Lebensstandards bewerkstelligt werden.

Wahrscheinlich wäre eine große Verbitterung unvermeidlich, wenn die Bevölkerung nicht gleichzeitig eine gewisse Dankbarkeit empfände gegenüber einer Regierung, die es fertigbrachte, Polen nach 1956 eine verhältnismäßig große Unabhängigkeit innerhalb des Ostblocks zu sichern. Ein Pole, mit dem ich ein langes Gespräch über die wirtschaftlichen Verhältnisse hatte, sagte plötzlich gedankenversunken: »Die armen Tschechen . . .«

»Wieso die armen Tschechen? Die haben es doch viel leichter mit ihrer Schwerindustrie als Sie.« – »Ich will Ihnen eine Geschichte erzählen. Dann werden Sie gleich sehen, warum. – Auf einer einsamen Insel strandet ein Schiff. Die Überlebenden: zwei Männer und eine Frau. Es erhebt sich die komplizierte Frage der Dreiecksbeziehung. Wenn es Deutsche sind, kämpfen beide Männer so lange, bis einer Sieger bleibt, den der andere dann respektiert. Wenn es Spanier sind, kämpfen sie so lange, bis einer draufgeht und dem anderen die Frau bleibt. Wenn es Engländer sind, machen sie ein Gentlemen's Agreement: jeder bekommt die

Frau jeweils vierzehn Tage. Wenn es Russen sind, fallen alle drei in tiefe Melancholie. Und wenn es Tschechen sind, dann basteln die drei aus den Schiffstrümmern einen Sender zurecht und morsen nach Prag, die möchten bitteschön in Moskau anfragen, was in dieser Situation zu tun sei.«

Thema Nummer eins bleiben doch immer die Stichworte Atomwaffen und deutsch-französische Allianz. Mit dem Redakteur einer führenden kommunistischen Zeitung hatte ich folgende Unterhaltung, die sich weniger präzise in vielen Abwandlungen fast täglich mit anderen Leuten wiederholte.

»Sie müssen verstehen! Wir haben wirklich Angst vor der Bundesrepublik. Erst hieß es, die Deutschen würden demilitarisiert. Dann stellte Bonn 300 000 Mann auf; jetzt hat Strauß 500 000 zugesagt, und für die Zukunft ist schon von 700 000 die Rede.«

»Ja, aber unsere Divisionen sind doch integriert, da kann doch gar nichts passieren: Die Amerikaner wollen doch genausowenig den Krieg wie die Russen.«

»Integriert? Sie sehen doch: Seit mehr als einem Jahr wird davon geredet, man müsse von Amerika unabhängig werden, man müsse Handlungsfreiheit haben. De Gaulle hat damit angefangen, und Strauß hat dieses Motiv eifrig aufgegriffen. Noch sagt er Europa, aber schon meint er Deutschland.«

»Aber Sie können sicher sein, daß die Amerikaner das Monopol nicht aus der Hand geben werden.«

»Dann werden eben die Franzosen und die Deutschen sich zusammentun. Die Deutschen geben das Geld, und die Franzosen produzieren. Sie sehen es ja, de Gaulle hat bei seinem Besuch in der Bundesrepublik die Allianz schon vorgeschlagen.«

»Aber die Produktion vor allem der Trägerwaffen ist doch viel zu teuer! Das können auch beide Länder zusammen sich gar nicht leisten. Verglichen mit Rußland und Amerika sind sie doch nur wie Hornissen, die einen Elefanten bedrohen.«

»Alle Produktion fing teuer an, war aber nach ein paar Jahren erschwinglich für jedermann – nicht nur das Auto. Überdies die Gefahr, daß die Deutschen, die im Schatten der Allianz aufgerüstet wurden, sich plötzlich als Potential verselbständigen, ist sehr real. Bonn will es zwar nicht sehen, aber eines Tages werden die Russen und Amerikaner sich einigen. Das ist einfach unvermeidbar, und zwar auf Kosten der Deutschen. Und dann werden die Deutschen ›Verrat‹ schreien. (Ob mein Gesprächspartner wohl *Christ und Welt* gelesen hat?) Und dann dauert es nicht lange, und es gibt in Deutschland eine radikale nationalistische Bewegung, die, wenn das Land auch noch über Atombomben verfügt, die ganze Welt in Brand oder mindestens unter Druck setzen kann.«

»Sagen Sie: Was ist eigentlich wichtiger für die Normalisierung der Beziehungen Bonn–Warschau: die Grenzanerkennung oder der Atomverzicht?«

Nach langer Pause: »Der Atomwaffenverzicht.«

Die Unterhaltung mit einem katholischen Politiker erweiterte dieses Thema um einen zweiten Aspekt, der ebenfalls in verschiedenen Abwandlungen immer wiederkehrte, jeden Tag mehrmals. Er sagt:

»Erklären Sie mir um Gottes willen, warum Deutschland zu jedem Vorschlag Nein sagt. Alle zerbrechen sich den Kopf, wie man die Spannung mildern, die Gefahr eines Zusammenstoßes verringern könnte; nur Deutschland versteift sich darauf, nichts zu tun. Aber die Welt steht doch nicht still. Noch hat keiner erfunden, wie man die Zeit anhalten kann. Deutschland wird hereinfallen . . .«

»In der Bundesrepublik ist man genauso behext durch die Angst vor den sowjetischen Kommunisten wie in Polen durch die Angst vor der Bundesrepublik.«

»Aber jetzt ist doch der Zeitpunkt gekommen! Wer die Sowjetunion kennt, kann nur immer wieder staunen über die Konzessionen, die Chruschtschow im Innern gemacht hat. Er wäre auch zu außenpolitischen Zugeständnissen bereit, wenn er dadurch Ruhe an der europäischen Front bekäme. Chruschtschow will keinen Krieg. Er kann ihn sich gar nicht leisten, weil der Gegensatz zu Peking ihn in eine Art Zweifronten-Situation gebracht hat.«

»Die Schwierigkeit liegt eben darin, den ›Circulus vitiosus‹ zu durchbrechen: Das Mißtrauen erzeugt Angst. Die Angst veranlaßt den Rüstungswettlauf. Und dieser wiederum schafft neues Mißtrauen. Dieser tödliche Kreislauf lähmt jede Aktivität.«

»Man muß nicht immer auf das Militärische starren. Es gibt ja keinen Krieg! Man hätte Deutschland neutralisieren sollen. Nur so hätte Ihr Land wiedervereinigt werden und dann zusammen mit uns und einigen osteuropäischen Staaten eine Art Pufferzone bilden können. Die Menschen sind so beschränkt und kurzsichtig geworden. Ach, wo sind die Zeiten hin, da es noch ein habsburgisches Reich gab, in dem so viele Gegensätze nebeneinander lebten!« *21. September 1962*

Vierzig Jahre Revolution
umsonst?

Seit vierzehn Tagen in Polen ... Ich frage mich immer wieder: Was ist größer – die Ähnlichkeit dieser Welt mit der unsrigen oder der Unterschied? Zuerst verblüffte mich die Ähnlichkeit. Gespräche mit Intellektuellen – das heißt auch hier: Freude am Debattieren, am Philosophieren. Ein Schuß Zynismus, gewiß: der Spaß an negativen, überspitzten Formulierungen. Schließlich hat man allerlei erlebt, erhofft, erbangt. Und man endete immer wieder vor neuen Schwierigkeiten.

Die Intellektuellen witzeln gern. Wollen sie dadurch ihre Unabhängigkeit dokumentieren? Und ihre Witze sind scharf wie die der Juden im Ghetto.

Das polnische Volk wirkt eher ernst. In einem Restaurant »geringer Güte« beispielsweise höre ich kein Wort. Nur das Klappern der Bestecke. Und in den Straßen gibt es zuweilen kein anderes Geräusch als das Schlürfen der Schritte, rhythmisiert durch das metallene Klappern von Schuhabsätzen. Im Theater alles feierlich, korrekt, gebannt. Ich sah eine polnische Aufführung der amerikanischen Operette *Can Can* mit faszinierenden Bühnenbildern und vielen »Gags«. Kaum jemand lachte.

In gewisser Weise ist dieses Verhalten wohl östlich. (Auch im alten Ostdeutschland bestand der Grundton der Atmosphäre aus lauter Ernst und Feierlichkeit. Ja, eine leise Traurigkeit herrschte auch bei ausgelassenen Festen vor – so absurd dies erscheinen mag!) Plötzlich finde ich, daß der Westen vom Rhein bis zum Potomac reicht. Dies hier ist eine andere Welt . . .

Der erste Eindruck hieß also: Verblüffende Ähnlichkeit der »Welten«. Aber bald schoben sich die Unterschiede in den Vordergrund. Man spürt das politische System: Bei uns im Westen kreist alles um den Begriff Zeit. Wobei es um die Bewältigung von Aufgaben oder Schwierigkeiten in denkbar kurzer Frist geht: Erfolg als ein Maximum an Ertrag in einem Minimum an Zeit. Die negative Begleiterscheinung dieses Wertbegriffes kennen wir: Ständige Spannung, »Versachlichung« menschlicher Beziehungen. Schließlich *public relations* als »zwischenmenschliches Hilfsmittel unter Konsumenten«. In Polen hingegen ist Zeit keine Kostbarkeit, die in Viertelstunden-Scheibchen vom Terminkalender abgeschnitten und verteilt wird.

Die meisten Leute haben Zeit. (Gilt es bei uns als rücksichtsvoll, bei Begegnungen rasch und präzis zu sagen, worum es geht, so würde das gleiche Verfahren in Polen als äußerst taktlos empfunden werden.) Man »fällt nicht mit der Tür ins Haus«. Das wäre unmenschlich, wäre totale Eliminierung aller gefühlsmäßigen Kontakte. Hier spricht man lange miteinander. Hier hat man Zeit für philosophische Exkursionen. Man trinkt dabei Kaffee.

Dagegen nun die Wirkungen des Systems: Welch mürrische Gleichgültigkeit in Restaurants und in Läden! Man wird nicht mehr »bedient«. Niemand hat den Ehrgeiz, sein Café, sein Geschäft, sein Hotel zum »besten Haus am Platze« zu entwikkeln. Es ist ja nicht sein Haus. Es gehört ja dem Staate. Man ist nicht auf sich selbst gestellt; man ist angestellt.

Wohnhäuser, die drei Jahre alt sind, sehen aus, als hätten sie schon zwanzig Jahre auf dem Buckel. Das graue Einerlei breitet sich aus, und in dem einen Speisehaus schmeckt das Essen wie im anderen. Kein Ehrgeiz mehr! Offenbar braucht der Mensch, um etwas Eigenes zu leisten, eben doch ein gewisses Maß an Herausforderung. Er findet Freude und Befriedigung erst im Sich-Bewähren. Zu wenig Erfolgsmöglichkeiten – so könnte man wahrscheinlich sagen – sind ebenso abträglich wie zu viele Chancen.

Zwei verschiedene Systeme also in dieser Welt. Und welches wird besser mit den Aufgaben fertig werden, die uns in der zweiten Hälfte des 20. Jahrhunderts gestellt sind? Welches wird besser in der Lage sein, den Anforderungen (den geistigen und materiellen) unserer Zeit standzuhalten? Diese Frage beschäftigt mich hier auf Schritt und Tritt. Und ich ertappe mich bei der Vermutung, daß keinem der beiden Systeme die Zukunft gehören werde. Es wird eher eine Mischung aus Elementen beider Systeme sein. Ob diese Vermutung mich allein oder auch andere beschäftigt?

»Was meinen Sie?«, so fragte ich einen Gewerkschaftler. »Glauben Sie nicht, daß die Gesetze der modernen Industriegesellschaft schließlich doch über die ideologischen Verschiedenheiten triumphieren werden? Könnte es nicht sein, daß die beiden heute gegeneinander rivalisierenden Systeme sich immer mehr aneinander angleichen?«

Erschrocken wehrte er ab. Ein Ausgleich zwischen den »Monopolkapitalisten« und den »Kräften der Arbeiterschaft« sei doch wohl nicht möglich, denn schließlich sei der Mehrwert . . .

Aber er war der einzige, der diese Antwort gab. Einer der bedeutendsten Köpfe der polnischen Akademie der Wissenschaften sagte: »Es wird etwas Drittes entstehen, das mit beiden heute vorhandenen Systemen nicht mehr viel zu tun hat. *Ihr* müßt mehr sozialisieren. *Ihr* müßt die Gesellschaft in den Mittelpunkt stellen. Und *wir* müssen weiter liberalisieren, also dem Individuum mehr Rechnung tragen.«

Und der führende Ökonom des Landes entgegnete auf meinen Einwand, daß der Mehrwert ja auch in Polen nicht dem Arbeiter zugute käme: »Unsere Industrialisierung wurde mit den Methoden der Kriegswirtschaft westlicher Länder durchgeführt. Da waren Pflichtablieferungen, Rationierungen, Zentralisierungen. Und schließlich war dieses bürokratisch-zentralistische System immer mehr zu einer selbständig wirkenden Kraft geworden. Nun, wir haben es seit 1956 ganz systematisch abgebaut. Vor 1956«, so fuhr er fort, »wurde alles peinlich geplant: was der Bauer anbauen solle und was er abliefern müsse, wer beispielsweise Nägel bekäme und für welchen Zweck. Aber heute stellen wir den großen Plan auf. Wir regeln, wieviel investiert und wieviel konsumiert werden darf, welche Rohstoffe eingeführt, welche Industrien gefördert werden sollen. Wir regeln zentral, wer was produziert. Aber die Durchführung ist dezentralisiert.«

Und dann erklärte er auch, wie diese Dezentralisierung vonstatten geht. Einmal wird sie *territorial* durchgeführt: und dies fand ich dann später beispielsweise in Bialystok bestätigt, wo der Oberbürgermeister mir die Industrien und Unternehmungen aufzählte, die seiner Kompetenz oder der Verantwortung der Woiwodschaft unterstehen. Und zum anderen wird sozusagen *funktional* dezentralisiert bis in den einzelnen Betrieb hinein. Und zwar wurden jedem Unternehmen nur rund 70 Prozent seiner Investitionen vorgeschrieben, über 30 Prozent aber kann es individuell disponieren, und zwar aus einem Fonds, der ihm bei Ablieferung der Gewinne an die Staatskasse belassen wird.

Übrigens meinte mein Gesprächspartner – der berühmte Ökonom Oskar Lange –, er könne sich durchaus vorstellen, daß schließlich einmal die Rentabilität des Unternehmens den grundsätzlichen Maßstab seiner Effektivität bilden werde.

»Wofür dann eigentlich die nun schon vierzig Jahre alte Revolution?« – so fragte ich mich. Ich fragte es freilich nur in Gedanken . . .

Ein hoher Ministerialbeamter sagte mir eines Tages: »Ich weiß, daß die großen Industrieunternehmen bei Ihnen im Westen ihre Investitionen zum Teil auf zehn und zwanzig Jahre im voraus planen. Aber auf einem Gebiet hinkt ihr hinter uns her, nämlich in der Arbeiterselbstverwaltung.«

Arbeiterselbstverwaltung? Ich glaubte zunächst, hier handele es sich um eines jener wohlklingenden Schlagworte, die in der Praxis nichts bedeuten. Aber es gibt diese Institution tatsächlich: Arbeiterselbstverwaltung. Und ich führte längere Unterhaltungen in der Zentrale dieser Organisation in Warschau. Schließlich, bei einem Gespräch mit dem Betriebsrat eines großen Unternehmens von 20 000 Arbeitern, erfuhr ich, was es mit der Arbeiterselbstverwaltung auf sich hat: In jedem Betrieb sind drei Organisationen tätig: der Betriebsrat, die Gewerkschaft und die Kommunistische Partei. Das oberste Organ der Arbeiterselbstverwaltung ist die sogenannte Konferenz dieser drei (koordinierten) Faktoren. Diese Konferenz tagt einmal im Quartal. Ihr Kompetenzbereich erstreckt sich auf Planung, Kontrolle und auf Möglichkeiten der Verbesserungen im Unternehmen.

Nun, auch das könnte nur auf dem Papier stehen. Aber wenn ich vom Wissen, vom Urteil und von der Beschlagenheit der beiden Mitglieder jenes Arbeiterrats, mit dem ich sprach, die richtige Vorstellung habe, dann bin ich bereit zu glauben, daß sie wirklich ihre Rechte in vollem Umfang ausüben, und zwar zum Besten des Betriebes. Freilich, der eine von ihnen war ein Magister der Philosophie, der andere ein Jurist.

»Fürchten Sie nicht einen Kampf aller gegen alle, wenn es um Fragen der Gewinnverteilung geht?«, fragte ich die beiden.

»Ja, in den Jahren 1957 und 1958, in den beiden ersten Jahren also, haben wir je drei Tage lang gestritten. Aber jetzt wissen alle, daß man den Inhalt des Topfes durch Wünsche und Ansprüche nicht vergrößern kann. Und alle wissen wir jetzt, daß bestimmte Quoten für Kindererholungsheime, Prämien und ähnliches erforderlich sind. Jetzt geht es ziemlich schnell und reibungslos.«

»Sie sagen, daß die Arbeiterselbstverwaltung an der Planung mitwirke. Haben Sie denn schon einmal einen von der Direktion aufgestellten Plan abändern können?«

»Ja, im vorigen Jahr hatte die Direktion nach unserer Meinung den Gewinn viel zu hoch veranschlagt. Wir haben Protest bei der übergeordneten Planungsstelle eingelegt. Es hat drei Monate gedauert. Aber unserem Einspruch wurde stattgegeben.«

»Und wodurch hat sich der Arbeiterrat sonst noch hervorgetan?«

»Auf der wirtschaftlichen Konferenz, die sich mit dem technischen Fortschritt beschäftigt, wurden im Laufe der letzten zehn Jahre über tausend Verbesserungsvorschläge von der Belegschaft eingebracht, von denen etwa achthundert angenommen wurden.«

Hoffen wir, daß dem wirklich so ist: daß nämlich alle Gliederungen des Betriebsrates den Produktionsplan auf allen Ebenen des Unternehmens diskutieren, damit wirklich der größte Teil der Belegschaft aktiv an dessen Problemen teilnimmt! Dann wäre das Bewußtsein, zu einer Gemeinschaft zu gehören und dem Interesse der Allgemeinheit zu dienen, sicherlich sehr wach. Ja, dann könnte es durchaus sein, daß dies etwas wie ein Ersatz für die politische Tätigkeit ist, welche die Würde des Staatsbürgers im Westen ausmacht, die ohnehin nur alle vier Jahre einmal mit dem Gang zur Wahlurne praktiziert wird.

Ein Problem freilich – und gerade das wichtigste! – konnte bisher mit keiner Spielart des östlichen Systems gelöst werden. Dafür haben nur wir das Monopol: die Gewißheit, daß man eine Regierung auch auf unblutige Weise wieder loswerden kann.

Doch zurück zu meiner Umfrage: Ich fragte einen Mann, der im Wirtschaftsleben steht und einen großen Betrieb leitet: »Wie sieht die Welt in fünfzehn Jahren aus?«

Er antwortete mit viel jüdischer Weisheit und viel praktischem Verstand: »Ganz gewiß wird weder der Kapitalismus noch der Kommunismus gesiegt haben. Wenn nur Frieden bleibt, wird ein ganz Neues, ein Drittes, entstehen.«

Und schließlich fragte ich auch noch einen Mann der Wissenschaft, einen Nationalökonomen, der, soviel ich weiß, der kommunistischen Partei angehört: »Wenn das kapitalistische und das kommunistische System imstande sein sollten, das gleiche zu leisten, den gleichen Lebensstandard für alle zu garantieren und dieselben Produktionskapazitäten zu entwickeln, geben Sie dann einem der beiden den Vorzug?«

»Nein«, erwiderte er trocken.

28. September 1962

4
Die Ostpolitik Willy Brandts –
das neue Verhältnis
in den siebziger Jahren
(1969–72)

»Niemand kann heute mehr hoffen, daß die verlorenen Gebiete je wieder deutsch sein werden. Wer
anders denkt, der müßte schon davon träumen,
sie mit Gewalt zurückzuerobern. Das würde heißen,
wieder Millionen von Menschen zu vertreiben –
was nun wirklich keiner will.«

Schwierigkeiten im Dialog

Vor zwei Wochen wurde in Moskau die Note überreicht, mit der die neue Bonner Regierung ihre Bereitschaft erklärt, Verhandlungen mit der Sowjetunion aufzunehmen. In dieser Woche ließ Bonn dann in Warschau eine Note übergeben, in der den Polen Gespräche vorgeschlagen werden, die der Normalisierung der Beziehungen dienen sollen. Damit ist nun also das Kapitel »Neue Ostpolitik« endlich aufgeschlagen worden. Noch allerdings weiß niemand, ob es ein langer, inhaltsschwerer Abschnitt sein wird, der da beginnt, oder ob dieses Kapitel verhältnismäßig bald und abrupt wieder endet.

Im östlichen Lager hat die Periode hektischer Konsultationen begonnen. Immer wieder wird auf Gipfelkonferenzen und anderen Treffen diskutiert, was und auf welche Weise mit Bonn verhandelt werden soll. Auf Schloß Lany bei Prag einigte man sich Anfang dieses Monats auf die Formel, multi- und bilaterale Verhandlungen zwischen den sozialistischen Staaten und der Bundesrepublik seien gleichermaßen nützlich. Inzwischen sind offenbar Bedenken gegen bilaterale Gespräche aufgekommen – unschwer zu erraten, daß diese Bedenken ihren Ursprung in Ost-Berlin haben, wo man gern darüber entscheiden möchte, wer über was mit Bonn reden darf.

Bonns Ziel heißt: Entkrampfung, Entspannung, Normalisierung; hinsichtlich der DDR noch konkreter: durch ein normales Nebeneinander zum friedlichen Miteinander. Auch das östliche Lager strebt nach Frieden und Entspannung. Dennoch muß man sich klar darüber sein, daß beide Seiten dabei verschiedene Dinge im Sinn haben. Wenn wir Entspannung und Normalisierung sagen, dann meinen wir: Die bestehenden Gegensätze müßten abgebaut, die Konflikte entschärft, eine allgemein versöhnliche Atmosphäre herbeigeführt werden. Der Osten strebt ebenfalls nach Frieden, aber dort heißt Frieden: den großen Krieg unmöglich machen, die ideologischen Differenzen jedoch unter allen Umständen aufrechterhalten.

Die Erfahrung der letzten Jahre lehrt nämlich, daß Entspannung im Osten zur Desintegration führt und zur Stärkung der Autonomiebestrebungen der einzelnen Mitglieder des Warschauer Paktes. Daher denn auch Moskaus sonst unverständlicher Zorn über die »perfiden Brückenbauer«, die angeblich nichts anderes im Schilde führen, als die Solidarität der sozialistischen Staaten zu unterminieren.

So ist die Befürchtung nicht ganz abwegig, daß die Kohäsion im östlichen Bündnis nur bei einem gewissen Grad von Spannung garantiert werden kann – oder anders ausgedrückt: daß man den Eisernen Vorhang, die Mauer, oder wie immer man die Demarkationslinie nennen mag, braucht, um sich gegen das Eindringen liberaler Ideen und laxer Methoden schützen zu können.

Unter solchen Voraussetzungen erfordert Ostpolitik nicht nur equilibristische Fähigkeiten hohen Grades, sondern auch unendlich viel Geduld. Bundeskanzler Brandt, der schon als Außenminister in seinen Bemühungen um Verständigung mit Polen weiter gegangen ist als je ein Bonner Minister zuvor, hat so manche kalte Dusche, die ihm aus Warschau zuteil wurde, unverdrossen hingenommen. Als er auf dem Nürnberger Parteitag die Formel gebrauchte »Anerkennung beziehungsweise Respektierung der Oder-Neiße-Grenze bis zur friedensvertraglichen Regelung« – eine Formel, die ihm zu Hause viel Tadel einbrachte –, hieß es in Warschau, darin komme die revanchistische Politik der Bundesrepublik wieder einmal deutlich zum Ausdruck.

Brandt findet – und mit ihm viele Bürger in diesem Lande –, daß es 25 Jahre nach dem Ende des Zweiten Weltkrieges nun wirklich an der Zeit ist, die Beziehungen zu den Nachbarn im Osten zu normalisieren. Die Bedingungen, die die kommunistischen Parteien Europas im April 1967 in Karlsbad und zuvor die Warschauer-Pakt-Staaten im Juli 1966 in Bukarest ihrerseits für eine solche Normalisierung gestellt haben, lauteten: *Erstens:* die Anerkennung der Unantastbarkeit der bestehenden Grenzen in Europa; *zweitens:* die Anerkennung der Existenz zweier souveräner und gleichberechtigter deutscher Staaten; und *drittens:* die Verhinderung direkten oder indirekten Zugangs der Bundesrepublik zu Kernwaffen jeder Art.

Die neue Regierung in Bonn wird jetzt den Nichtverbreitungs-Vertrag unterschreiben, womit dem Punkt 3 voll Genüge geleistet wäre. In Brandts Regierungserklärung ist ferner erstmalig von »zwei deutschen Staaten« die Rede, womit der zweiten Forderung weitgehend Rechnung getragen wurde. Was aber den ersten Punkt, die Oder-Neiße-Grenze anbetrifft, so ist die Bundesregierung bereit, Verhandlungen über einen Gewaltverzicht in Vertragsform abzuschließen, der die territoriale Integrität des heutigen polnischen Besitzstandes garantiert. Gemeinsam soll eine Formulierung gesucht werden, die sowohl Polens Wunsch nach sicheren Grenzen befriedigt, als auch den deutschen Interessen Rechnung trägt.

Man muß hoffen, daß *Zycie Warszawy* nicht die offizielle Reaktion ausdrückte, als die Zeitung am 12. November recht hochmütig schrieb, Polen bedürfe keiner westdeutschen Formel, um in gesicherten Grenzen leben zu können, die Grenzen des Landes seien bereits gesichert, und zwar nicht durch Formeln. Man fragt sich: Wenn dies so ist, warum legen dann die Polen so entschiedenen Wert auf Anerkennung der Oder-Neiße-Grenze durch Bonn?

Nein, das neue Kapitel kann nur beginnen, wenn beide Seiten bemüht sind, wirklich neu anzufangen, und nicht jeder versucht, den alten Geist in neuen Flaschen weiter zu konservieren. Darum muß man sich erst einmal in Warschau zusammensetzen und Vorgespräche führen – zuviel Geröll versperrt die Sicht, als daß man sogleich mit Verhandlungen beginnen könnte.

Fängt eine von beiden Seiten gleich mit Vorbedingungen an, so wird alles schiefgehen, denn man darf ja nicht übersehen, daß es in beiden Ländern nicht nur jeweils *eine* politische Meinung gibt.

In der Bundesrepublik gibt es eine starke Opposition, *pressure-groups* und Interessenvertreter, und in Polen gibt es, soviel man weiß, Parteifunktionäre, die dogmatisch denken und starr sind, und es gibt Wirtschafts- und Meinungsfunktionäre, die modern denken und elastisch sind.

In beiden Ländern sollten die Fortschrittlichen, jene, die an die Zukunft denken und daran, daß endlich, 25 Jahre nach den Zerstörungen des Zweiten Weltkrieges, die Grundlage für einen dauerhaften Frieden gelegt werden muß, die Politik bestimmen. Und nicht jene, die die Gegenwart immer nur im Rückspiegel betrachten.

Das würde nicht allein den Deutschen zugute kommen, die, zugegebenermaßen, den Wunsch haben müssen, ihre in der Vergangenheit begangenen Verbrechen in Vergessenheit geraten zu lassen – davon würden auch die Polen profitieren. Man sollte nämlich nicht vergessen, daß es hier Leute gibt – vor allem auch jüngere Leute, die mit der nun schon weit zurückliegenden Vergangenheit des Dritten Reiches persönlich nichts mehr zu tun haben –, die sich fragen, wie es wohl gelingen kann, eine Verständigung mit einem Lande herbeizuführen, das noch 1968 von Staats wegen »Antizionismus« betrieb, politische Studentenprozesse durchführte, bedeutende Professoren von den Universitäten vertrieb und die Invasion der ČSSR mitmachte.

Wir haben es alle nötig, neu anzufangen – der eine mehr, der andere weniger. *28. November 1969*

Die Wende: Endlich Verhandlungen

Die deutsch-polnischen Verhandlungen, die Staatssekretär Duckwitz zur Zeit in Warschau führt, sind durch den Münchner CSU-Parteitag, der die innenpolitische Stimmung im ganzen Land angeheizt hat, nicht gerade erleichtert worden. Argwohn, Verdächtigungen und Anklage, wie sie dort erhoben wurden, gehen jetzt von Mund zu Mund – landauf, landab.

Da ist von hektischer Betriebsamkeit, unverantwortlicher Eile und »theatralischer« Ostpolitik die Rede. Der Regierung wird vorgeworfen, sie habe planlos und in dilettantischer Weise an viel zu vielen Stellen auf einmal mit ihren Verhandlungen begonnen. Freiherr von Guttenberg versteigt sich im *Bayernkurier* sogar zu der Behauptung, die »Gleichberechtigung« von zwei deutschen Staaten leite eine neue Hitlerei ein: »Aus Deutschland kam einmal Unheil über die Welt, weil unter den Deutschen eine geistig-moralische Verwirrung angestiftet und die Grenzen zwischen dem demokratischen Rechtsstaat und einem totalitären Verbrecherregime verwischt wurden. Kann irgend jemand verantworten, daß diese Grenzen heute erneut vernebelt werden?«

Angesichts solch theatralischer Vernebelung wird es Zeit, sich einmal zu vergegenwärtigen, worum es denn eigentlich geht – was die Methoden, die Motive und die Ziele der Brandtschen Ostpolitik sind.

Zunächst zur *Methode.* Es wird auf drei Ebenen zugleich verhandelt: Mit dem zweiten deutschen Staat, mit Polen und mit der Dachorganisation aller kommunistischen Staaten, der Sowjetunion. Auf diese Weise fühlen die beiden ersten sich nicht über- und die letztere sich nicht hintergangen. Mit diesen Simultangesprächen wird der alte Vorwurf ausgeräumt, »Ihr hättet mit der Sowjetunion anfangen sollen und nicht mit Rumänien«, und auch das Gegenargument, unsere osteuropäischen Nachbarn sollten nicht als unmündige Satelliten behandelt werden.

Da im übrigen die Oststaaten durch ein Netz bilateraler Verträge und durch die Beschlüsse der großen Konferenzen von Bukarest, Karlsbad und Moskau so miteinander verflochten sind, daß die Oder-Neiße und die Anerkennung der DDR nicht mehr individuelle Anliegen, sondern kollektive Forderungen sind, wären die Verhandlungen um kein Haar anders, wenn sie nur mit einem Partner geführt würden.

Und die *Motive?* Es gibt deren zwei: Die Diskrepanz, die zwischen unserer aktiven Westpolitik und unserer passiven Ostpolitik entstanden ist, soll verringert werden; denn die Bundesrepublik liegt nun einmal nicht nur an der Peripherie des westlichen Bündnisses, sondern auch in der Mitte Europas. Und ferner spielt die Sorge, die Vereinigten Staaten könnten Europa immer mehr sich selbst überlassen, eine gewisse Rolle.

Und schließlich das *Ziel?* Brandt berichtete vor dem Parlament, Stoph habe ihn in Erfurt gefragt, was denn eigentlich das Ziel seiner Politik der DDR gegenüber sei. Seine Antwort habe gelautet: »Friedliche Koexistenz zwischen den beiden deutschen Staaten, die gemeinsam den Weg offenhalten müssen dafür, daß eines fernen Tages das deutsche Volk im Rahmen einer europäischen Friedensordnung in freier Selbstbestimmung über die politische Art seines Zusammenlebens entscheiden kann.«

Die Hoffnung der Regierung basiert also darauf, daß ein Gewaltverzicht auf lange Sicht zu einer Friedensordnung führen könne, welche dazu beiträgt, die Lage in Europa zu normalisieren und die Bedeutung der Grenzen zu relativieren. Die Opposition dagegen meint, daß die Sowjetunion an einem Gewaltverzicht nur deshalb Interesse zeige, weil sie glaube, unter diesem Etikett endlich all das zu bekommen, was sie von jeher zu erreichen trachtete. Und darum sei es viel besser, nichts zu tun.

Nun ist es zweifellos richtig, daß es Konstanten der sowjetischen Außenpolitik gibt, nämlich den Wunsch,

1. den Einfluß der Amerikaner in Europa zurückzudrängen;
2. die westliche Allianz zu sprengen;
3. die Erfolge des Zweiten Weltkrieges für alle Zukunft zu konsolidieren.

Doch wo steht geschrieben, daß diese Konstanten nie und unter keinen Umständen modifiziert werden könnten? Natürlich kann niemand die Sowjets zwingen, ihre außenpolitischen Ziele aufzugeben; aber es wäre doch denkbar, daß Situationen entstehen oder geschaffen werden, die es Moskau wünschenswert erscheinen lassen, seine Prioritäten zu verändern.

Dafür könnte es theoretisch verschiedene Gründe geben: Entweder exogene Faktoren — beispielsweise das Auftreten Chinas als potentieller Gegenspieler — oder systemimmanente Gründe, also die steigenden Kosten des Wettrüstens oder die wachsende Chance einer friedlichen Ordnung. Angesichts der wirtschaftlichen Schwierigkeiten der Sowjetunion, die Breschnew sehr beredt geschildert hat, und angesichts der politischen und ideologischen Differenzen mit China könnte vielleicht für Moskau eine Friedensordnung attraktiver sein als Spannung.

Ob dies so ist, läßt sich aber nur herausfinden, indem man miteinander spricht. Nur durch Handeln, nicht durch Nichtstun kann man hoffen, diese Situation zu verändern. Die Vorstellung, es sei ungefährlicher, ja sogar in jedem Fall vorteilhafter, nichts zu tun, ist einfach abwegig. Auch wenn wir nicht mitspielen, geht ja die Weltgeschichte weiter, und nichts spricht dafür, daß sie sich derweil zu unserem Vorteil verändert. Im Gegenteil, noch im Juli 1966 auf der Bukarester Konferenz der sozialistischen Staaten hieß es im Schlußkommuniqué:

»Was die Frage der Vereinigung der beiden deutschen Staaten betrifft, so führt der Weg zu ihrer Verwirklichung über die Entspannung, über die allmähliche Annäherung zwischen den beiden souveränen deutschen Staaten und über Abmachungen zwischen ihnen, über Abrüstungsvereinbarungen in Deutschland und in Europa auf der Grundlage des Prinzips, daß das zukünftige, vereinigte Deutschland ein wirklich friedlicher, demokratischer Staat sein wird...« Von einem »vereinigten Deutschland« redet heute im Osten keiner mehr.

Es war immer klar, daß unser außenpolitischer Spielraum sehr klein ist. Jetzt aber, bei den Verhandlungen, stellt sich heraus, daß es unseren Kontrahenten im Grunde auch nicht besser ergeht. Die Sowjets stehen vor dem Dilemma, daß sie nicht recht wissen, was sie wollen: Einerseits wollen sie alles endgültig und für alle Zeiten regeln, andererseits möchten sie das Provisorium des Viermächtestatus, der ihnen ja viele Einflußmöglichkeiten bietet, nicht aufgeben.

Der DDR sind enge Grenzen gesetzt: Je mehr Kontakte es zur Bundesrepublik gibt, je mehr Entspannung und Liberalisierung, um so mehr Gefahren ziehen für das Regime herauf. Sicherlich hätte Ulbricht zu Erfurt nicht ja gesagt, wenn Gromyko nicht gleich nach den ersten Verhandlungen mit Staatssekretär Bahr nach Ost-Berlin gekommen wäre, um den Genossen gut zuzureden.

In Polen schließlich ist Gomulka durch die Machtkämpfe in der Kommunistischen Partei in seinem Manövrierraum außerordentlich eingeengt worden: Nationalisten, Technokraten, Jungtürken, viele Gruppen, die des Establishments überdrüssig sind, warten nur darauf, den Parteichef, der seine Herrschaft im Dezember 1968 wieder konsolidieren konnte, von neuem in Bedrängnis zu bringen. Jede Konzession, zu der er in den Verhandlungen Bonn gegenüber zuzustimmen bereit wäre, jede Veränderung der während zwanzig Jahren ritualisierten Formel von der »endgültigen Anerkennung« der Oder-Neiße, könnte ihm zum Verhängnis werden.

Die Regierung Brandt befindet sich kaum in einer besseren

Lage. Zwar gibt es bei uns keine Volksbewegung gegen eine Anerkennung der Oder-Neiße, aber bei der Polarisierung der Meinungen, die seit einiger Zeit stattfindet, kann man nicht ausschließen, daß es der Opposition gelingen könnte, über diese Frage den Sturz der Regierung herbeizuführen. Denn solange die Kanzlernachfolge in der Union nicht geklärt ist, kann die CDU es sich nicht leisten, weniger national zu erscheinen als die CSU.

Der Vorschlag, den Duckwitz nach Warschau mitgebracht hat, trägt der Situation beider Länder Rechnung: Aus einem Gewaltverzichts-Abkommen mit einem Grenzparagraphen ist ein Grenzvertrag mit einem Gewaltverzichts-Paragraphen geworden, dessen drei wichtigste Absätze sinngemäß lauten:

1. Bonn und Warschau stellen fest, daß die Oder-Neiße die Westgrenze Polens ist;

2. die Bundesrepublik wird die Grenze achten und die territoriale Integrität nicht in Frage stellen;

3. die bestehenden Verträge, insbesondere das Potsdamer Abkommen und der Deutschland-Vertrag werden von diesem Vertrag nicht berührt.

Warschau soll dafür verschiedene Zusicherungen hinsichtlich einer Familienzusammenführung, der Normalisierung der Beziehungen zur Bundesrepublik und des kulturellen Austausches geben. Beide Länder müssen hohe Barrieren überwinden. Bonn hat den ersten Schritt getan. Jetzt darf Warschau nicht auf der Formel »Alles oder nichts« bestehen – sonst scheitern die Verhandlungen. *29. September 1970*

Ein Kreuz auf Preußens Grab

Nun ist der Vertrag über die Oder-Neiße-Grenze fertig ausgehandelt. Bald werden die Vertreter Bonns und Warschaus ihn unterzeichnen. Und dann wird es hier und da heißen, die Regierung habe deutsches Land verschenkt – dabei wurde das Kreuz auf Preußens Grab schon vor 25 Jahren errichtet. Es war Adolf Hitler, dessen Brutalität und Größenwahn 700 Jahre deutscher Geschichte auslöschten. Nur brachte es bisher niemand übers Herz, die Todeserklärung zu beantragen oder ihr auch nur zuzustimmen.

Heimat ist für die meisten Menschen etwas, das vor aller Vernunft liegt und nicht beschreibbar ist. Etwas, das mit dem Leben und Sein jedes Heranwachsenden so eng verbunden ist, daß dort die Maßstäbe fürs Leben gesetzt werden. Für den Menschen aus dem Osten gilt das besonders. Wer dort geboren wurde, in jener großen einsamen Landschaft endloser Wälder, blauer Seen und weiter Flußniederungen, für den ist Heimat wahrscheinlich doch noch mehr als für diejenigen, die im Industriegebiet oder in Großstädten aufwuchsen.

Die Bundesrepublik mit ihrer offenen Gesellschaft und der Möglichkeit, in ihr menschlich und ziemlich frei zu leben, ist ein Staat, an dem mitzuarbeiten und den mitzugestalten sich lohnt – aber Heimat? Heimat kann sie dem, der aus dem Osten kam, nicht sein.

Dort im Nordosten, wo meine Familie jahrhundertelang gelebt hat – und dies sei nur erwähnt, weil es das Schicksal von Millionen Menschen verdeutlicht –, dort im Raum zwischen Weichsel und Peipussee stand nicht wie im Westen die Loyalität zum Lehnsherrn an erster Stelle, sondern die Verwobenheit mit dem Lande. Wer beim häufigen Wechsel jeweils die Oberherrschaft ausübte: der Orden, die Polen, Schweden, Dänen, Russen oder Preußen, das war nicht das Entscheidende. Entscheidend war es, festzuhalten am Grund und Boden, der Landschaft zugeordnet zu sein.

Friedrich der Große hat es den ostpreußischen Ständen nie verziehen, daß sie, als ganz Ostpreußen während des Siebenjährigen Krieges von den Russen besetzt war, der Zarin Elisabeth gehuldigt hatten – obgleich dies doch das Vernünftigste war, was sie tun konnten. Erst während der letzten hundert Jahre, als der Geist des Nationalismus alle Beziehungen zu vergiften begann, wurde alles anders.

Seit nun die Deutschen aus ihrer Heimat östlich von Oder und Neiße vertrieben wurden, hat es mit jenem Wechsel der Herrschaft ein Ende. Jetzt ist das Land polnisch. Fast die Hälfte aller heute in den alten deutschen Gebieten lebenden Menschen wurde bereits dort geboren. Die Polen haben, wie auch die Tschechen in Böhmen, ohne Erbarmen reinen Tisch gemacht. Nie zuvor hatte jemand im Osten versucht, sich dadurch in den endgültigen Besitz von Ländern und Provinzen zu setzen, daß er acht Millionen Menschen aus ihrer Heimat vertrieb. Aber wer könnte es den Polen verdenken? Nie zuvor war ja auch einem Volk so viel Leid zugefügt worden wie ihnen während des Dritten Reiches.

Der von Hitler eingesetzte Generalgouverneur Hans Frank, der zusammen mit der SS die polnische Bevölkerung tyrannisierte, sie deportierte und in die Gaskammern schickte, hat einmal in einer Ansprache die Ziele der Nazis verdeutlicht: »Kein Pole soll über den Rang eines Werkmeisters hinauskommen. Kein Pole wird die Möglichkeit erhalten können, an allgemeinen staatlichen Anstalten sich eine höhere Bildung anzueignen. Ich darf Sie bitten, diese klare Linie einzuhalten!« Und weiter: »Was wir jetzt als Führungsschicht in Polen festgestellt haben, das ist zu liquidieren; was wieder nachwächst, ist von nun an sicherzustellen und in einem entsprechenden Zeitraum wieder wegzuschaffen . . . Wir brauchen diese Elemente nicht erst in die Konzentrationslager des Reiches abzuschleppen; denn dann hätten wir Scherereien und einen unnötigen Briefwechsel mit den Familienangehörigen, sondern wir liquidieren die Dinge im Lande.«

Der »Führerbefehl« nach dem Warschauer Aufstand im Herbst 1944 hatte gelautet, die Stadt dem Erdboden gleichzumachen. Und die SS ließ es an Gründlichkeit und Brutalität wahrhaftig nicht fehlen. Wer sich bei uns nach alledem noch weigert, die Realität der Oder-Neiße-Grenze anzuerkennen, beruft sich im allgemeinen auf drei Stichworte: Grenzen von 1937, Heimatrecht, Selbstbestimmungsrecht.

1. *Die Grenzen von 1937.* Dieser Begriff tauchte zwar zunächst in den Verhandlungen der Alliierten gelegentlich auf (Moskauer Außenministerkonferenz vom Oktober 1943), aber in Potsdam im Juli 1945 wurde dann nur ein Rumpfdeutschland ohne die Ostgebiete in Besatzungszonen aufgeteilt. Die westlichen Siegermächte haben seither mehrfach erklärt, daß alle Äußerungen über den Gebietsstand von 1937 sich nur auf die Besatzungszonen bezogen hätten, aus denen die Ostgebiete ausdrücklich ausgeklammert worden seien. Allerdings haben sie auch immer wieder darauf verwiesen, daß die endgültige Regelung nur in einem Friedensvertrag erfolgen könne.

2. *Das Heimatrecht.* Es existiert allenfalls als individuelles Recht im Rahmen der Menschenrechte, aber nicht als klar definierter Begriff des Völkerrechts, auf den man sich berufen könnte.

3. *Das Selbstbestimmungsrecht.* Es begründet höchstens den Anspruch auf Autonomierechte von Minderheiten, bietet aber heute keine Handhabe, Grenzänderungen gegen den Willen der polnischen Bevölkerung durchzuführen.

Niemand kann heute mehr hoffen, daß die verlorenen Gebiete je wieder deutsch sein werden. Wer anders denkt, der müßte schon davon träumen, sie mit Gewalt zurückzuerobern. Das würde heißen, wieder Millionen Menschen zu vertreiben – was nun wirklich keiner will. Man muß hoffen, daß darum nun auch die Polemik der Landsmannschaften, für die jeder ein Verräter ist, der ihre Illusionen nicht für Realitäten hält, eingestellt wird.

Man möchte freilich auch wünschen, daß die Polen uns in Zukunft mit ihrem Chauvinismus verschonen, der sie von »wiedergewonnenen Gebieten« reden und sogar in offiziellen Schriften immer wieder Behauptungen aufstellen läßt wie diese: ». . . waren die Westgebiete unter deutscher Herrschaft größtenteils von bodenständiger, polnischer Bevölkerung bewohnt . . .« In Wahrheit stellten die Deutschen in Ostpreußen, Pommern, Ostbrandenburg und Niederschlesien 98 bis 100 Prozent der Bevölkerung; Oberschlesien war die einzige Provinz mit einer nennenswert polnisch-sprechenden Minderheit. Die Ostgrenze Ostpreußens bestand seit 700 Jahren unverändert, und Schlesiens Grenzen sind, das oberschlesische Industriegebiet ausgenommen, immer die gleichen geblieben, seit Kasimir der Große im Vertrag von Trentschin zugunsten Böhmens auf Schlesien verzichtet hatte – also von 1335 bis 1945.

Es gibt zu all diesen Fragen auf beiden Seiten viele Klischees und sehr selten kompetente Urteile; zu kompliziert und zu unbekannt ist die Geschichte des Ostens. Auch vergessen viele, daß es stets die Sieger sind, die die Geschichte schreiben. Wer spricht in Osteuropa noch von den Geheimprotokollen zu den Verträgen, die Hitler und Stalin am 23. August und 28. September 1939 untereinander schlossen? Sie waren die Grundlage für einen mit Hitler synchronisierten Aggressionskrieg der Sowjets gegen Polen, bei dem Moskau sich 50 Prozent des damaligen polnischen Staates aneignete.

Obwohl jenes Geheimabkommen den Fortbestand eines polnischen Staates nicht unbedingt ausschloß, hat Moskau nach dem Einmarsch der Sowjetruppen in Ostpolen (bei dem die Repräsentanten der führenden Schicht ebenfalls verschleppt und vernichtet wurden) Druck auf den deutschen Botschafter Graf Schulenburg ausgeübt, um die Bildung eines polnischen Rumpfstaates zu verhindern.

Seit Jahrhunderten, seit den Zaren, die alle danach trachteten, Polen als europäischen Faktor zu eliminieren, ist dies der Wunsch der Beherrscher Rußlands gewesen. Schon Katharina hatte dieses Ziel vor Augen, als sie sich 1772 zur ersten und 1793 zur zweiten Teilung Polens entschloß, wobei sich Preußen an beiden Teilungen, Österreich nur an der ersten beteiligte. Bei der dritten Teilung 1795 haben Preußen und Rußland im Verein mit Österreich Polen dann gemeinsam ausgelöscht.

Auch erinnern sich nur noch wenige daran, daß die Polen zur Zeit des Münchner Abkommens 1938 den Tschechen das Gebiet von Teschen weggenommen und durch Unterstützung des deutschen Abenteuers in der Sudetenkrise die Regierung in Berlin zu jenen Forderungen ermutigt haben, die am Ende eines langen Weges schließlich zum Zusammenbruch ihres Landes führten.

Niemand ist ohne Sünde. Aber der Versuch, gegeneinander aufzurechnen, ist nicht nur sinnlos, sondern würde auch dazu führen, daß der Fluch der bösen Tat fortzeugend Böses gebiert. Also ein neuer Anfang? Ja, denn sonst nimmt die Eskalation nie ein Ende. Also Abschied von Preußen? Nein, denn das geistige Preußen muß in dieser Zeit materieller Begierden weiterwirken – sonst wird dieser Staat, den wir Bundesrepublik nennen, keinen Bestand haben. *20. November 1970*

Zwischen Hoffnung und Skepsis

Die Polen waren immer ein betont europäisches, nach Westen blickendes Volk. Seit ihr Land auf dem Atlas von Ost nach West verschoben wurde, so daß es nun bis nach Zentraleuropa hineinreicht, ist dies in noch stärkerem Maße der Fall als früher. Zumal jetzt, da der neue Parteichef, der 1923 als Zehnjähriger mit seiner Mutter nach Frankreich ausgewandert war, die Zügel in die Hand genommen hat.

Edward Gierek, der mit 18 Jahren der französischen KP beitrat und 1934 wegen seiner Beteiligung am Bergarbeiterstreik aus Frankreich ausgewiesen und zwangsweise nach Polen repatriiert wurde, wanderte drei Jahre später von neuem aus — diesmal nach Belgien. Als er 1948 dann endgültig nach Polen zurückkehrte, hatte er insgesamt 22 Jahre im Westen verbracht.

Bei der Maiparade vor zwei Wochen, bei der übrigens keine einzige Militärformation auftrat, führte er, in der ersten Reihe mitmarschierend, den Zug der Arbeiter an und bestieg erst dann die Tribüne. Der neue Stil ist betont zivil, kollegial, pragmatisch, auf Leistung abgestellt — auf Leistung, die nicht nur den Werktätigen abgepreßt wird, sondern ihnen auch wieder zuteil werden soll.

Wer noch das Polen der Radziwill und Czartoryski gekannt hat, dem fällt auf, daß in diesem Lande, wieviel sich dort auch verändert haben mag, die Ritterlichkeit der Polen nicht verlorengegangen ist. Ich glaube, es sind die einzigen ritterlichen Kommunisten, die es in der Welt gibt.

Und wer das Polen von 1971 vergleicht mit dem Polen der sechziger Jahre, der muß feststellen, daß die Haltung der Bundesrepublik gegenüber von Grund auf anders geworden ist. Das Gefühl der Angst ist gewichen und hat dem Wunsch nach Zusammenarbeit Platz gemacht. Einer der Star-Journalisten, der viele aggressive Artikel gegen Bonn geschrieben hat, sagte: »Das hat Brandt schon jetzt erreicht, daß man die deutsche Frage wieder als Ganzes sieht; bisher gab es für uns nur die sozialistischen Brüder in der DDR und dahinter ein Gespenst, mit dem man nichts, aber auch gar nichts je wieder zu tun haben wollte.« Im allgemeinen aber sind mit »den Deutschen« immer die Bürger der Bundesrepublik gemeint, während die anderen kurzerhand als »die Leute aus der DDR« bezeichnet werden.

Manche Beobachter berichten, die Polen seien heute – fünf Monate nach der Unterzeichnung des Gewaltverzichts-Vertrages – enttäuscht. Ist das wirklich der Fall? Ich habe beides angetroffen, Geduld und Vertrauen, vor allem im Außenministerium, aber auch Ungeduld und Enttäuschung bei manchen Persönlichkeiten des öffentlichen Lebens. Welche Gruppen welcher Gefühlslage zuzuordnen sind, entzieht sich natürlich der Kenntnis eines Außenstehenden, aber man geht wohl nicht fehl in der Annahme, daß diejenigen, die schon zuvor gegen einen Vertrag mit Bonn waren, jetzt ihre Enttäuschung mit Genuß kultivieren, während jene, die dafür waren, weiterhin zuversichtlich sind. Dies um so mehr, als man sich in Warschau über die Fristen von vornherein weniger Illusionen gemacht hat als in Bonn.

Die Schuld an der Verzögerung wird im allgemeinen den Amerikanern in die Schuhe geschoben. Es heißt, sie blockierten die Berlin-Verhandlungen, weil sie auf anderen Ebenen, beispielsweise in den SALT-Gesprächen, auch nicht weiterkommen und darum ihr Interesse nicht mehr auf Entspannung gerichtet sei. An diese Feststellung knüpft sich dann gewöhnlich eine Betrachtung darüber, daß die Europäer untereinander identische Interessen hätten, diejenigen der Amerikaner dagegen anders gelagert seien.

Wohl sieht man mit einiger Sorge, wie die Ratifizierung des deutsch-polnischen Vertrages sich immer wieder verzögert, weil die Verhandlungen in Berlin nicht vom Fleck kommen. Mir schien aber, daß die polnische Regierung sich dadurch nicht veranlaßt sieht, die Herausnahme des Warschauer Vertrages aus dem Ostpaket anzustreben, sondern daß ihre Schlußfolgerung eher heißt: »Laßt uns keine Zeit verlieren, sondern möglichst rasch mit der Aufnahme verstärkter Wirtschaftsbeziehungen beginnen.«

Einer der stellvertretenden Außenminister sagte: »Schließlich haben wir den Vertrag nicht wegen der Grenze geschlossen, die lag und liegt fest und ist ja auch militärisch abgesichert; sondern wir haben ihn wegen der Normalisierung, der Entspannung und dem Wunsch nach wirtschaftlicher Zusammenarbeit und technischem *know-how* geschlossen.«

»Bonn hat immer wieder deutlich gemacht, daß es den gleichen Wunsch hat«, war meine Entgegnung. »Niemand in der westlichen Welt hat soviel für Entspannung getan wie Bundeskanzler Brandt, aber bei uns kann die Regierung der Privatwirtschaft keine Anordnungen geben. Ob die Unternehmer bereit sind, in Polen zu investieren, das ist allein ihre Entscheidung, und die ist nur von zwei Gesichtspunkten abhängig: einmal von der Sorge um das investierte Kapital und zum anderen von der Hoffnung auf Gewinn. Politische Gesichtspunkte – also die Frage, ob die Brandtsche Ostpolitik richtig und notwendig war – sind für die Entscheidung der Unternehmer unerheblich.«

»Da bin ich anderer Meinung«, entgegnete mein Gesprächspartner. »Ich glaube, das Ganze ist viel grundsätzlicher: Bonn hat einfach keine langfristige Perspektive. Es fehlt der politische Entschluß, mit dem Osten zu arbeiten, neue Wege und Methoden zu erkunden.« Die Feststellung klang keineswegs ärgerlich oder bevormundend – sie schien eigentlich nur zu beweisen, wie wenig man voneinander weiß.

Man muß zugeben, daß unser Prinzip, alles dem Steuerungsfaktor Preis zu überlassen, vielleicht nicht ausreicht. Ostpolitik heißt gerade für uns Wirtschaftspolitik, vielleicht sogar nur Wirtschaftspolitik. Also muß man sich zunächst einmal fragen, was eigentlich für und was gegen Investitionen und wirtschaftliche Kooperation im Osten spricht und dann überlegen, ob die Regierung beides gegebenenfalls attraktiver gestalten kann.

Gesichtspunkte für eine engere Zusammenarbeit:

1. Anders als in manchen arabischen oder afrikanischen Staaten gibt es kein Risiko der Verstaatlichung.

2. Angesichts der Kontinuität der Regime gibt es eine optimale Garantie für Einhaltung der vereinbarten Abmachungen.

3. Anstatt die industriellen Ballungszentren ständig weiter zu verdichten und durch Gastarbeiter die soziale Infrastruktur (Krankenhäuser, Schulen...) im eigenen Lande zusätzlich zu belasten, bringt man umgekehrt die Industrie zu den billigen Löhnen. Die Japaner handeln in Südostasien längst nach diesem Prinzip – was auch noch den Vorteil hat, daß die Umweltschäden so verteilt werden, daß sie für alle in erträglichen Grenzen bleiben.

Gesichtspunkte, die dagegen sprechen:

1. Die Bürokratie in den sozialistischen Ländern ist ungemein schwerfällig und bar der im Westen gewohnten Elastizität. Der westliche Unternehmer, der, je nach Marktlage, notfalls auch ganz kurzfristig seine Anlage umstellen oder ergänzen möchte, muß daher befürchten, daß er diese Möglichkeit verliert.

2. Schwierigkeiten bereitet der Gewinntransfer, der mangels Devisen in Produkten erfolgt, so daß der westliche Unternehmer sich um den Absatz kümmern muß.

3. Es besteht die nicht unbegründete Sorge, daß ein Unternehmen seine eigene Konkurrenz heranzüchtet: da der sozialistische Staat keine kapitalistische Rentabilitätsrechnung aufstellt, kann es passieren, daß er das fragliche Produkt auf dem Weltmarkt unter Selbstkosten verkauft, um sich Devisen zu beschaffen.

Wenn die Polen von wirtschaftlicher Zusammenarbeit sprechen, so meinen sie nicht das normale Außenhandelsgeschäft, das heute im Verkehr mit der Bundesrepublik 1,3 Milliarden Mark ausmacht, sondern sie denken an Kooperation, also an gemeinsame Produktion in dritten Ländern, oder an eine Kooperation, bei der ein Partner dem anderen zuliefert.

Polen hat schon viele komplette chemische Anlagen in anderen sozialistischen Ländern und in der Dritten Welt erstellt. Desgleichen Hütten- und Gießereianlagen, Zucker- und Baustoffabriken. Im Maschinenbau steht Polen an achter Stelle, im Werkzeugmaschinenbau an neunter Stelle des Weltexportes.

Seit Gierek die Zügel der Regierung übernommen hat, spürt man deutlich das Bemühen, flexibler zu werden. Die Unternehmen, die mit westlichen Firmen Kooperationsverträge abschließen, sollen im neuen Vierjahresplan keine Produktionsauflagen mehr bekommen, sondern nur Richtungsaufgaben, damit sie elastischer sein können. Auch wird für sie eine zentrale Federführung eingerichtet, so daß dem westlichen Partner in Zukunft die Schrecken der labyrinthischen Bürokratie erspart bleiben und er es nur noch mit einer einzigen Stelle zu tun hat.

Alles ist im Fluß. Es gibt viele neue Ideen, viel guten Willen – wohin das führen wird, ist heute noch nicht abzuschätzen. Man spürt deutlich, daß Hoffnung und Skepsis miteinander in Streit liegen. »Wissen Sie«, sagte der Chef der Plankommission, »man braucht gar nicht immer nur Kapital. Die Tatsache, daß die lähmende Resignation, die das Gomulka-System verbreitete, jetzt neuer Hoffnung Platz gemacht hat, daß es mehr Freiheit gibt, mehr Mitbeteiligung, das verleiht den Arbeitern wieder Mut, und das ist vielleicht mehr wert als ein Investitionskredit.« Es gibt freilich auch Skepsis. Zu oft schon wurde den Polen versprochen, daß alles besser wird.

Auch 1956 hatten sie geglaubt, ein neues Leben werde beginnen. Heute sagen sie: »Schon zwei Jahre später wurde klar, daß unsere Hoffnungen Illusionen waren; von Jahr zu Jahr wurde alles schlechter, bis es schließlich keinerlei Kommunikation zwischen unten und oben mehr gab.« Unendliche Werte seien verschleudert, Glaube und Hoffnung vertan worden, bis am Ende niemand mehr Lust hatte, überhaupt noch etwas zu tun.

»Sehen Sie da«, mein Begleiter, ein führender Beamter in einem wissenschaftlichen Institut, wies auf einen großen eingezäunten, unplanierten, verunkrauteten Platz in der Nähe des Außenministeriums, »hier ist ein Tunnel gebaut worden, der unter jener Hauptverkehrsader hindurchführen und dann Anschluß an eine große Verkehrsachse gewinnen sollte. Aber eines Tages ließ Gomulka alles wieder zuschütten, weil er es sich anders überlegt hatte – er fand es wohl zu aufwendig.«

»Ja, wie ist es denn so etwas möglich? Wozu ist denn die Plankommission da und auch die Partei, die doch verhindern sollen, daß Volkseigentum verschleudert wird? Und schließlich der Sejm, der das Interesse der Bürger zu wahren hat? Wie ist es möglich, daß in einer Volksdemokratie der Erste Sekretär – und das sollte doch eine koordinierende, keine herrschende Funktion sein – so willkürlich handeln kann?«

Mein Begleiter zuckte die Achseln, er wußte offenbar keine rechte Erklärung dafür.

»Haben Sie eigentlich Hoffnung, daß es auch für die Intellektuellen jetzt etwas mehr Freiheit geben wird?« fragte ich einen leidgeprüften Angehörigen dieser Gilde.

»Wir haben hier drei heilige Kühe«, antwortete er, »die Partei, die Sowjetunion und den Geheimdienst – wenn Sie diese drei Obstakel im Slalom geschickt umschiffen, dann können Sie alles schreiben, was Sie wollen.«

Apropos Slalom – fällt mir das Rätsel ein, das mir ein anderer Intellektueller aufgab: Er zeichnete eine Art Slalomspur auf ein Blatt Papier, zog in der Mitte einen senkrechten Strich hindurch und fragte: Was ist das?

»Das sieht ganz wie ein amerikanisches Dollarzeichen aus, das ist wahrscheinlich euer Traum von den westlichen Devisen.«

»Nein. Die Kurve, das ist die Linie der Partei – die Gerade, das ist die Linie der Abweichler...«

Nichts möchte man diesem Volk mehr wünschen als die Erfüllung seiner überaus bescheidenen Hoffnungen: etwas weniger *austerity* und etwas mehr Bewegungsfreiheit in jeder Beziehung und nach allen Richtungen. Aber hier meldet sich auch bei dem Außenstehenden Skepsis an. Wie sollen Fehlplanung, Mißtrauen und Mißwirtschaft verhindert werden, wenn es keine Kontrolle gibt? Wie aber kann es Kontrolle ohne Kritik geben? Wie kann es Kontrolle geben, wenn die Partei immer recht hat, wenn sie grundsätzlich und ein für allemal immer recht hat? Die Menschen, für die ein solcher Status nicht ungesund wäre, müßten erst noch synthetisch in der Retorte hergestellt werden.

In keinem anderen Land des Warschauer Paktes dürfen die Bauern ihren Hof als Privateigentum besitzen. Immer hieß es, letztlich werde die Landwirtschaft auch in Polen kollektiviert werden. Jetzt aber ist das Recht auf individuelle Entscheidungsbefugnis sogar noch erweitert worden. Es wird in Zukunft keine Pflichtablieferungen mehr geben, die Bauern werden in freier Vereinbarung mit dem Staat aushandeln, was sie anbauen und wieviel sie abliefern. Ferner sollen die Steuerprogression für mittlere und größere Betriebe eingeebnet und eine systematische berufliche Ausbildung der Bauern verfügt werden.

»Wir werden mit den Bauern – je nach Woiwodschaft, Klima und Bodenverhältnissen – Kontrakte auf mehrere Jahre zu wesentlich höheren Preisen als bisher abschließen«, sagt der Landwirtschaftsminister, ein ungemein sympathischer, außerordentlich kompetenter, energisch wirkender Mann, der bei Professor Baade in Kiel studiert hat. Die Landwirtschaft ist in ähnlicher Weise, wenn auch aus anderen Gründen als bei uns, das

Sorgenkind der Gesellschaft: in Polen produziert sie zuwenig, bei uns zuviel, aber strukturell sind die Probleme die gleichen.

In Polen sind noch 30 Prozent der Beschäftigten in der Landwirtschaft tätig. Diese Zahl soll und muß reduziert werden, aber das kostet Geld: Für die ausscheidenden Bauern müssen Arbeitsplätze in der Industrie geschaffen werden, die auf dem Lande verbleibenden müssen besser gestellt werden, Mechanisierung, Flurbereinigung, das alles erfordert Kapital. »Ab 1975, noch stärker nach 1980, werden die demographischen Verhältnisse sich ändern, dann läßt nämlich der Druck der geburtenstarken Jahrgänge nach.«

Minister Okuniewski schildert, wie dringend notwendig strukturelle Veränderungen sind. Im Süden Polens, wo die durchschnittliche Größe der Bauernhöfe vielfach nur 3 Hektar beträgt, arbeiten bis zu 60 Personen auf 100 Hektar, auf den Großbetrieben in den neuen polnischen Gebieten 8 bis 12 Personen (auf vergleichbaren Großbetrieben der Bundesrepublik 1 bis 3 Personen). 100 000 Kleinbetriebe mit rund 500 000 Hektar werden jetzt in größere Einheiten eingegliedert oder zu vernünftigen Betriebsgrößen zusammengelegt: Landflucht und das »Auslaufen« von Betrieben erleichtern dieses Vorhaben.

Oft fragt man sich, wieso der polnische Bauer, der doch sein Privateigentum behalten hat und mithin nach gängiger Auffassung genug Anreiz haben sollte, mehr zu leisten als seine Kollegen in der Kolchose, warum er diese Erwartung nicht gerechtfertigt hat. Die Antwort lautet: Die Kombination von zu hohen Zwangsablieferungen mit zu niedrigen Preisen auf zu kleiner Fläche war eine Multiplikation von Negativfaktoren, die kein Plus erbringen konnte.

Polen ist das erste sozialistische Land, in dem erkannt wurde, daß Konsum nicht nur kapitalistischer Selbstzweck ist, sondern auch ein Produktionsfaktor, ohne den man keine Leistung erwarten kann. Es ist auch das erste Land im Osten, das den Mut hat, mit umfassenden Reformen in der Landwirtschaft zu beginnen und nicht alles Heil von der Schwerindustrie zu erwarten.

Es gibt manchen Anlaß zur Skepsis. Das intellektuelle Niveau der Universitäten hat nach den Studentenunruhen vom März 1969 offenbar sehr gelitten, viele erste Kräfte mußten die Hochschule verlassen und wurden durch systemgetreue, weniger qualifizierte ersetzt. Überall fehlt es an Kapital und *know-how*. Aber ein Positivum ist da, das vielleicht mehr zählen könnte als alles andere: die Resignation ist im Schwinden, die Notwendigkeit, Mitbestimmung zu gewähren, wird eingesehen, ökonomische Anreize werden gegeben. Hoffnung stellt sich ein, Vertrauen kehrt zurück – und das ist schließlich eine Basis.

14. Mai 1971

Ernüchterung nach Wende
und Vertrag

Am vergangenen Freitag, einem naßkalten, regendurchtränkten Tag, war es endlich soweit: An dem Gebäude, in dem Bonns Handelsdelegation in Warschau residiert, wurde das kleine, rechteckige Schild abgenommen und ein größeres ovales angebracht: »Bundesrepublik Deutschland – Botschaft.«

Jahrelang hatte man auf diesen Moment gewartet. Die Handelsdelegation war ja schon 1963 eingerichtet worden; aber vor dem Antritt des Kabinetts Brandt und bis zur neuen Ostpolitik hatte auch für Warschau die von den sozialistischen Staaten gemeinsam beschworene »umgekehrte Hallstein-Doktrin« gegolten: Botschafteraustausch mit Bonn erst, wenn Bonn die DDR völkerrechtlich anerkannt hat!

Niemand sprach mehr von dieser Devise, nachdem im Dezember 1970 der Vertrag mit Polen durch Bundeskanzler Brandt in Warschau unterschrieben worden war. Als aber dann im Juni 1972 die Ratifizierung in Bonn über die Bühne ging und man damit rechnete, nun würden sogleich und ohne Verzug die diplomatischen Beziehungen aufgenommen werden, erwies sich diese Spekulation als Irrtum. Die Beziehungen wurden nicht schlagartig verbessert, im Gegenteil, sie verschlechterten sich zusehends. Von jener euphorischen Stimmung, die auf beiden Seiten den Vertragsabschluß begleitet hatte, ist wenig übriggeblieben. Wie ist das gekommen?

Abgesehen davon, daß Höhepunkte emotionaler Rührung nicht von Dauer sein können, abgesehen ferner davon, daß es für die Polen immer etwas Beängstigendes hat, wenn ihre beiden Nachbarn, Russen und Deutsche, sich verständigen und abgesehen schließlich von einer Resolution (»Keine Rechtsgrundlage für die heute bestehenden Grenzen«) auf die die schwach gewordene Regierungskoalition in Bonn sich während der Ratifizierungsdebatte hatte einlassen müssen, gibt es eine sehr entscheidende Begründung dafür, daß das Klima rauher geworden ist. Durch den Aufstand der Danziger Arbeiter im Dezember 1970 ist die innenpolitische Situation Polens von Grund auf verändert worden.

Gomulka hatte, seit er im Oktober 1956 die Führung der Partei übernommen hatte, die Frage der Oder-Neiße-Grenze zu seiner ureigensten Sache gemacht. Viele Polen meinen, wenn es nach ihm gegangen und Adenauer und Brentano nicht so kurzsichtig gewesen wären, hätte die Normalisierung schon 1956/57 beginnen können. Für Gomulka bedeutete darum der Vertrag von Dezember 1970 die Krönung seines Lebenswerkes.

Für die neue, jüngere Equipe, die jetzt an der Macht ist, für Gierek, Jaroczewski und Olszowski dagegen war der Vertrag mit der Bundesrepublik etwas, was sie bei ihrem Amtsantritt bereits vorfanden – also nichts ganz Außergewöhnliches. Bei

Gomulka hätte man sich wahrscheinlich darauf verlassen können, daß er bestrebt sein werde, die Frage der Umsiedler im Geiste des Vertrages zu lösen; für seine Nachfolger dagegen gilt ganz einfach der Buchstabe des Vertrages, und der läßt einer extensiven Auslegung nicht allzuviel Spielraum.

Kaum je hat sich eine Revolution so lautlos vollzogen wie die polnische von 1971/72. Eine Revolution aber war es, und nicht nur ein längst fälliger Führungswechsel: Von elf Politbüromitgliedern sind nur drei geblieben; viele hundert Funktionäre auf hohen und höchsten Stellen sind seit Dezember 1970 ausgewechselt worden; in 14 Woiwodschaften, von 17 insgesamt, wurde die Spitze neu besetzt; im Mai ist General Moczar, der frühere Sicherheitschef und Innenminister, auf dessen Konto die Zionistenjagd ging, isoliert und kaltgestellt worden; gleichzeitig wurde General Matejewski, der Vizeminister des Inneren, samt einigen Offizieren verhaftet und vor Gericht gestellt. Bald darauf wurden noch einmal zwei führende Generale ihrer Posten enthoben: der Oberbefehlshaber der Luftwaffe und der Kommandant des Wehrkreises Warschau.

In der ersten Zeit nach den Danziger Ereignissen, als die Sicherheitskräfte 49 Streikende erschossen, war die neue Führung natürlich ausschließlich auf die Verhältnisse im Inneren konzentriert, alles drehte sich um die Personalpolitik und um die notwendigen Reformen. Unter solchen Umständen wurde alles, was mit der Oder-Neiße-Grenze zusammenhängt, natürlich in den Hintergrund gedrängt.

Als ich Ende April vorigen Jahres nach Warschau fuhr, fand ich dort alle Welt mit Reformplänen beschäftigt. Alles sollte neu durchdacht und von Grund auf neu gestaltet werden: Die vollkommen festgelaufene Wirtschaft sollte angekurbelt, Kultur und Presse liberalisiert und der Mensch wieder in den Mittelpunkt aller Dinge gestellt werden. Ein Gremium von 200 Persönlichkeiten des öffentlichen Lebens – eingeteilt in elf Gruppen

– hatte die Aufgabe, in einem Urschöpfungsakt die polnische Welt neu zu gestalten. Es war auch höchste Zeit. Ein Student sagte mir damals: »Was ist das für ein Sozialismus: Da muß erst eine Parteizentrale brennen, ehe die Führung sich entschließt, auf die Wünsche des Volkes zu achten.«

Heute, achtzehn Monate später, scheint mir, daß der Reformeifer wesentlich nachgelassen hat. Genau wie in der deutschen Frage, hat sich auch in der Innenpolitik eine gewisse Ernüchterung breitgemacht. Vieles ist aber doch wesentlich besser geworden. 1971 sind die Reallöhne um sechs Prozent gestiegen. In diesem Jahr rechnet man mit acht Prozent – bis 1976, so heißt es, werde sich der Lebensstandard um 50 Prozent verbessert haben. Diese Hoffnung wird gespeist durch die Zahlen der ersten sechs Monate dieses Jahres, die so günstig sind, daß die Funktionäre immer wieder nachrechneten, weil sie sie einfach nicht glauben konnten: 12,5 Prozent Wachstum des Sozialprodukts!

Die große, die entscheidende Frage ist, ob diese Entwicklung wirklich nachhaltig ist, ob es also auf längere Sicht gelingen wird, die Arbeitsproduktivität zu steigern; denn nur, wenn mehr produziert wird, gibt es auch die Möglichkeit, mehr zu verteilen. Den Polen aber ist nur zu helfen, wenn es gelingt, sie aus der Resignation: »Es lohnt sich gar nicht zu arbeiten, man kann ja doch nichts kaufen« herauszureißen.

Ein Professor, dem gegenüber ich meine Bewunderung für die Wachstumsrate des ersten Halbjahres 1972 zum Ausdruck brachte, meinte: »Ich fürchte, das ist nur der Ziegeneffekt.« Als er meinen verwunderten Blick wahrnahm, fragte er: »Kennen Sie denn die Geschichte vom Rabbi und der Ziege nicht?« Und sogleich begann er zu erzählen:

»Ein Jude geht zum Rabbi und sagt: ›Rabbi, ich kann es nicht mehr aushalten, ich werde einfach verrückt. Meine Frau, sechs Kinder und die Schwiegereltern, alle in einem Zimmer – was soll ich nur tun?‹ Der Rabbi: ›Hast du eine Ziege?‹ – ›Ja‹, erwiderte der Hilfesuchende. ›Nimm die Ziege und bring sie in euer Zimmer!‹

Nach einer Woche kommt der Mann wieder, nunmehr halb wahnsinnig vor Verzweiflung. Der Rabbi: ›Nimm die Ziege und bring sie zurück in ihren Stall.‹ Anderntags erscheint der Verzweifelte glückstrahlend von neuem: ›Rabbi, es ist herrlich – wir haben so viel Platz, man glaubt gar nicht, wie geräumig das Zimmer ohne die Ziege ist.‹«

»Ich meine also«, fuhr der Professor fort, »das einzige, was bisher geschah, ist die Beseitigung eingetretener Behelligungen: ein bißchen Durchforstung der Bürokratie, ein paar verrückte Verordnungen weniger. Aber damit sind wir dann auch schon bald an der Grenze. Innerhalb unseres Systems gibt es einfach keine wirkliche Expansion der wirtschaftlichen Kräfte.«

Ein Taxifahrer schien seine Auffassung zu teilen. Meine Bemerkung, es sei doch offensichtlich alles viel besser als im vorigen Jahr, beantwortete er mit der Feststellung: »Ja, aber ihr werdet uns immer voran sein.«

»Wieso denn eigentlich?«

»Bei uns gibt es zu viele Bürokraten, die nur schreiben oder nur kontrollieren, anstatt produktive Arbeit zu leisten. Es gibt ja auch zuwenig Anreiz zum Arbeiten.«

Ich finde die Sache mit der Ziege einleuchtend, auf der anderen Seite denke ich: Wenn der »Ziegeneffekt« genügt, um einen Wachstumsanstoß von 12,5 Prozent hervorzubringen, dann könnte dieser doch wiederum ausreichen, um ein Schneeballsystem in Gang zu setzen. Irgend jemand hat mir nämlich erzählt, die Polen fingen jetzt wieder an zu fragen, was kostet dies oder das? Und dann zu vergleichen. Mit anderen Worten, weil es etwas zu kaufen gibt, ist plötzlich das Geld wieder geachtet, und also wird man sich wohl auch verstärkt bemühen, solches zu verdienen.

»Wieso konnte eigentlich die Versorgung mit einem Schlag

so entscheidend verbessert werden«, fragte ich einen alten Bekannten, der berichtet hatte, es gäbe mindestens in Warschau keine Knappheit an Lebensmitteln mehr, auch Textilien wären in viel größerer Auswahl und besserer Qualität als je zuvor am Markt. Nur Wohnungen seien absolute Mangelware – neu Verheiratete müßten im allgemeinen fünf Jahre auf eine Wohnung warten. Er nannte zwei Quellen: die russischen Kredite, die zum Einkauf von Konsumgütern verwandt wurden, und ferner Reserven, die in Polen selbst vorhanden waren.

»Wissen Sie, Gomulka und seine Leute waren wie Kleinbürger – aber Kleinbürger von vor fünfzig Jahren. Ihre Devise hieß: Sparen und bescheiden leben. Wozu Südfrüchte, die sollen Äpfel essen. Wozu Autos, sie sollen froh sein, daß sie jetzt alle Schuhe haben – ein Fahrrad ist Luxus genug. So gab es tatsächlich gewisse Reserven, die Gomulka zurückgehalten hatte.«

Polen sind von Natur skeptisch. Und ihre Geschichte – die der letzten 25 Jahre eingerechnet – hat sie nicht gerade optimistischer gestimmt. »Es gibt keinen Glauben mehr, nur noch Zynismus«, klagte einer und präzisierte dann seine Aussage so: »Man weiß, daß A nicht wahr ist, aber Nicht-A ist ebenfalls unwahr – bei uns gibt es überdies eine Menge irreelle Wahrheiten.«

»Was ist denn das?«

Er begann zu dozieren: »Wenn ich keine Schwester habe, kann ich sagen, ich habe keine oder ich habe eine – das eine ist die Wahrheit, das andere die Unwahrheit; ich kann aber auch sagen: Meine Schwester hat rote Haare, das ist dann eine surrealistische oder irreelle Wahrheit.«

». . . das heißt konkret gesprochen?«

»Gestern stand in unserer Zeitung über die Manöver der Warschauer-Pakt-Staaten in der ČSSR: ›Die Bevölkerung begrüßte die Truppen mit großer Freude.‹ Niemand glaubt das, weder die, die es schreiben, noch die, die es lesen – es ist eben eine irreelle Wahrheit.«

Es muß schwer sein, vielleicht hoffnungslos, die Polen zu regieren – mit ihnen zu leben, bringt dagegen viel Vergnügen: diese Mischung von aufsässigem Skeptizismus und opferbereitem Idealismus, von Schlamperei und Ritterlichkeit, ist eben einfach liebenswert.

Das Verhältnis zu den Deutschen, heute im Herbst 1972, wo nach 27 Jahren die diplomatischen Beziehungen wieder aufgenommen werden, ist außerordentlich interessant zu beobachten. Fast jeder, den ich in Warschau traf, war beeindruckt von der Olympiade, die 20 Millionen Polen im Fernsehen sehr genau und kritisch verfolgt haben.

»Eigentlich sind die Deutschen ganz anders, als wir sie kannten oder als wir sie uns vorstellen.«

»In welcher Hinsicht denn?«

»Das Publikum in München war außerordentlich fair, es feuerte nicht die eigenen Leute an, sondern freute sich über jede spektakuläre Leistung, gleichgültig wer sie vollbrachte. Und als beim Einmarsch die polnische Fahne hereingetragen wurde, da haben alle genauso stark – vielleicht sogar noch intensiver – geklatscht als bei der französischen oder englischen. Auch war das Ganze gar nicht zackig.« Dieses Urteil habe ich so oder ein wenig anders formuliert immer wieder gehört.

»Was hat denn eigentlich am stärksten dazu beigetragen, das Verhältnis zu den Deutschen zu verändern?« Auf diese Frage lautete die Antwort nicht: die Olympiade – sondern: die Abschaffung des Paßzwangs zur DDR am 1. Januar dieses Jahres.

»Wieso denn das? Die anderen Deutschen, eure sozialistischen Brüder, die kennt ihr doch nun schon lange genug?«

»Sie vergessen, für uns war Auschwitz nie eine Sache der Bundesrepublik, sondern ein Verbrechen der Deutschen schlechthin, aller Deutschen also.«

Ich kann kaum zählen, wie oft mir in diesen Tagen die Wichtigkeit dieser deutsch-polnischen Massenbegegnung beschrieben wurde. In der Tat haben zwölf Millionen Menschen während der letzten acht oder neun Monate die Grenzen hinüber oder herüber passiert.

Resultat: Die Polen finden die Deutschen »eigentlich recht nett«. Angeblich sind bereits 20 000 Mischehen geschlossen worden. In der Provinz, so wurde mir erzählt, lernen junge Polen plötzlich Deutsch, weil sie im nächsten Jahr in die DDR reisen wollen. Reisen, das ist die große Sehnsucht in allen sozialistischen Staaten.

Aber bei der Familienzusammenführung oder Umsiedlung sind die Schwierigkeiten doch wohl nicht so leicht vom Tisch zu wischen. Mein Eindruck ist, daß die polnische Führung sich in dieser Frage von taktischen – nicht von vitalen – Gesichtspunkten leiten läßt: Man weiß nicht, was in Bonn in den nächsten Monaten alles passieren wird. Da ist es besser, zunächst noch ein paar Trümpfe in der Hand zu behalten; die Deutschen können ruhig ein bißchen zappeln.

Tatsache ist, daß die Polen über die Anzahl der Menschen, die sich jetzt als Deutsche ausweisen und einen Antrag auf Umsiedlung stellen, höchst überrascht waren. Sie hatten wohl tatsächlich nur mit »einigen 10 000 Personen« gerechnet und sind nun geneigt, die weit größere Zahl damit zu erklären, daß »diese humanitäre Aktion in eine Emigration zu Erwerbszwecken« umfunktioniert wird, was sie vehement bekämpfen, weil sie befürchten, daß dies dann zu einer Kette ohne Ende werden könnte.

Nicht ernst zu nehmen ist das in der Bundesrepublik mit viel Verständnis aufgenommene Argument, die polnische Industrie erleide schweren Schaden, wenn alle Deutschen ihren Arbeitsplatz verlassen würden. Es mag Ausnahmen geben, wo dies Schwierigkeiten schafft; im großen und ganzen aber ist Schlesien, um das es sich in erster Linie handelt, längst nicht mehr das entscheidende Industriegebiet. Dort befinden sich heute nur mehr 8 bis 10 Prozent der polnischen Industrie – allein in Warschau dagegen sind es bereits 18 Prozent. Außerdem, wenn jenes Argument wirklich den Tatsachen entspräche, würden die Deutschen, die einen Antrag auf Umsiedlung stellen, von ihren Betrieben zur Strafe nicht herabgestuft oder entlassen werden.

Die Hauptschwierigkeit für jene Deutschen liegt darin, daß der Betrieb, in dem sie arbeiten, und die zuständigen örtlichen Instanzen die Entscheidung darüber in der Hand haben, ob der Betreffende »unbestreitbar deutscher Volkszugehörigkeit« ist und ob man ihn ziehen läßt. Bei so unpräziser Definition sind natürlich Ungerechtigkeiten Tür und Tor geöffnet, wobei nicht zu bestreiten ist, daß durch die ganze Aktion viel Unruhe in die Gemeinden getragen wird. Wenn beispielsweise ein Lehrer, der in seinem Dorf fünfzehn Jahre lang die Kinder unterrichtet hat, sich plötzlich als Deutscher deklariert, so ist das sicherlich für jedermann ein Schock; aber die Unbilden sind für den Deutschen, der nun auf der Straße sitzt, natürlich am größten. Bonn muß also bis zu der vertretbaren Grenze, die die Vertragschließenden vor Augen hatten, hart bleiben und nicht ungeduldig werden.

Es könnte sein, daß ein anderes Problem, auf das ich durch Zufall stieß, noch schwierig wird. Ich war von einem höheren Funktionär, einem höchst intelligenten, sehr umgänglichen, weltläufigen Mann zum Essen eingeladen worden. Sein Boss, der Chef der Organisation, kam ein wenig zu spät, weil er bei einem *briefing* des Außenministers assistiert hatte, der gerade aus Bonn zurückgekommen war. Man sei mit dem Verlauf des Besuches durchaus zufrieden, aber eine ganze Reihe von Dingen komme eben einfach nicht voran, so zum Beispiel die Entschädigungsfrage. »Über die Entschädigung für die pseudomedizinischen Versuche in den Konzentrationslagern«, entgegnete ich, »sind sich ja beide Seiten einig. Die ganze Sache hängt doch nur noch an der Berlin-Formel, über die noch diskutiert wird.«

»Nein, ich meine nicht diese spezielle Entschädigung, sondern eine Entschädigung für alle diejenigen, die in KZs waren oder sonstige individuelle Schäden erlitten haben. Schließlich sind sechs Millionen Polen . . .«

»Erlauben Sie mal, Polen hat schließlich ein Viertel des alten deutschen Reiches in Besitz genommen, darunter Gebiete, die wie Ostpreußen 700 Jahre lang deutsch waren. Damit sollte doch wohl genug Entschädigung geleistet worden sein.«

»Diese Gebiete wurden uns ja 1945 von den Alliierten übertragen, nicht von den Deutschen, die haben uns nichts gegeben, was sie noch besessen hätten. Das Ganze ist eine moralische Frage, keine ökonomische. Außerdem, die Bundesrepublik ist ja so reich.«

»Ach so, die Gebiete nahmen Sie also von den Alliierten entgegen, und von uns wollen Sie jetzt, nachdem der Vertrag unter Dach und Fach ist, Reparationen, die zuvor mit keinem Wort erwähnt worden sind – so was nennt man bei uns Roßtäuscherei. Damit werden Sie in der Bundesrepublik viele Freunde Polens in Feinde verwandeln – ich persönlich würde übrigens zu diesen gehören. Ich bin der Meinung, die besondere moralische Schuld Deutschlands erfordert eine besondere Wiedergutmachung, das ist eine Sache, aber die zu melkende Kuh für Polen zu werden, das ist eine zweite Sache.«

»Nun, wir haben Zeit, wir können ja sehen.«

»Wir haben ebenso viel oder so wenig Zeit wie Sie. Das Tempo bestimmen nämlich weder Sie noch wir, sondern unsere großen Brüder in Washington und Moskau, und deren Priorität heißt Normalisierung.«   *22. September 1972*

5
Wojtyla und Walesa –
die Revolution der Solidarność
(1978–81)

»Denn das, was dort auf der Danziger Werft
erreicht wurde, ist zwischen Elbe und Ussuri
einmalig: freie Gewerkschaften, in geheimer Wahl
gewählt, und ein verbrieftes Streikrecht. Und
Hand aufs Herz: Noch vor einer Woche schrieben
einige und dachten sehr viele hierzulande, die
einzige Frage sei, wer zuerst eingesetzt würde: die
polnische Miliz oder die sowjetische Armee.«

Polens Kirche im Kampf wider den Kommunismus – Kann der neue Papst die Welt verändern?

Wenn es einer Rechtfertigung des vielkritisierten Fernsehens bedurft hätte – der vergangene Sonntag hat sie geliefert. Gar nicht abzuschätzen, welche Wirkung von der Möglichkeit ausgeht, daß Abermillionen in aller Welt teilnehmen konnten an dem säkularen Ereignis der Einführung eines polnischen Kardinals in das Amt des Pontifex Maximus. Ein Ereignis, das niemand ohne innere Bewegung verfolgen konnte.

Säkular, global – dies sind Begriffe, mit denen in unserer Welt der Superlative gern herumhantiert wird. Hier aber treffen sie zum ersten Mal die Realität: Global, universal, weltumspannend ist diese Kirche, die alle Grenzen transzendiert, alle Erdteile miteinander verbindet. Nichts Bedrängendes hatte die Szene der Huldigung, dieses Gelöbnis, welches das Erdenrund vor dem Stellvertreter Christi abgelegt hat. Kein Personenkult, sondern Symbol der Erkenntnis, daß es etwas gibt, das höher ist denn alle Vernunft. Wie deutlich wurde da, daß für uns leidgewohnte, spätgeborene Skeptiker Macht nur noch als geistige Macht ertragbar ist.

Für manchen mag dies alles nur ein grandioses Schauspiel gewesen sein, ein bewundernswertes Stück Choreographie, arrangiert von einem genialen Dramaturgen, überhöht durch die mystische Präsenz einer zweitausendjährigen Geschichte. Wer jedoch die letzten zwei Wochen in Polen verbracht hat und auch in Tschenstochau und Krakau war, also im Herzen des katholischen Polens, der hat dort ein wenig gespürt, warum die Tatsache, daß ein Pole Bischof von Rom geworden ist und Papst der katholischen Christen in aller Welt, warum dies von so weittragender Bedeutung ist: Weil der Glaube des polnischen Volkes in vielen Feuern gehärtet wurde; weil der Mann, der jetzt auf dem Stuhl Petri sitzt, die Realität des Ostens kennt wie keiner seiner Vorgänger; weil das Ziel seiner Wünsche und seiner Sehnsucht die Überwindung der Teilung Europas ist und die Wiederzusammenführung der zersplitterten Kirche. Wenn ein einzelner den Gang der Geschichte in diesem Sinne beeinflussen kann, so ist dafür niemand geeigneter als Papst Johannes Paul II.

Es gibt keine zweite Nation, in deren Geschichte die Kirche eine so entscheidende Rolle gespielt hat. Oft war sie das einzige Bindeglied zwischen den Menschen im dreigeteilten Land, die einzige Garantie für Kontinuität und Identität. Dies ist sicherlich *eine* Erklärung für die tiefe Religiosität dieses Volkes, die man erst ganz erfaßt, wenn man die Gläubigen vor der schwarzen Muttergottes in Tschenstochau knien sieht.

Der neue Papst hat bei der diesjährigen Fronleichnamsprozession in Krakau gesagt: »Wir sind als Kirche eine Gemeinschaft fast so groß wie die Nation.« Fast so groß heißt, daß 90 Prozent der Polen praktizierende Katholiken sind.

Jedes Jahr im August wallfahrten Polen zu Fuß die 250 Kilometer nach Tschenstochau, begleitet von Lastwagen mit Zelten. In diesem Jahr waren es 30 000 Menschen, darunter 6000 Studenten. In Jasna Gora, dem Kloster, in welchem die schwarze Madonna verehrt wird, wogten gerade jetzt Scharen von Menschen hin und her. Singend zogen sie hinter der Fahne ihrer Diözese her: Zwischen dem 15. Oktober und dem 1. Dezember müssen alle Diözesen des Landes eine Delegation nach Jasna Gora schicken, die oft 100, manchmal 140 Leute umfaßt. Es ist wie eine große allgemeine Mobilmachung, der mit Freude, Spannung und Erwartung Folge geleistet wird.

Ein Geistlicher antwortete auf meine Frage, ob nicht mit

fortschreitender Industrialisierung – und Polen ist heute ein moderner Industriestaat – eine Art Säkularisierung stattfände: »Im allgemeinen ist für die Leute, die das Land verlassen und in die Industrie gehen, die Kirche eine Art Heimat, die einzige Verbindung zu früher.« Er erzählte, daß jedes Jahr im Sommer eine Wallfahrt stattfindet, an der nur Männer teilnehmen. Ziel ist ein Ort, der 40 Kilometer westlich von Kattowitz liegt. In diesem Jahr haben sich dort 150 000 Pilger – Arbeiter aus den Bergwerken und der Stahlindustrie des ehemaligen Oberschlesien – eingefunden. Man muß auch wissen, daß die Kirche Polens keinerlei feste Einnahmen hat, sondern ausschließlich von freiwilligen Spenden lebt, und dennoch keinen Priestermangel hat. Kein Wunder, daß auf so tief verwurzelter Gläubigkeit ein Episkopat wächst, das Figuren wie Kardinal Wyszynski in Warschau und Kardinal Wojtyla in Krakau hervorzubringen vermag.

Da ist schließlich die politische Dimension, die dem Ereignis eine so große Bedeutung gibt. Ein Mann wurde Pontifex, der aus jenem Teil der Welt kommt, in dem der Marxismus nicht nur die Loyalität des Bürgers beansprucht, sondern den ganzen Menschen mitsamt seiner Seele und seinem Gewissen. Ein Land, in dem daher der Konflikt zwischen Staat und Kirche besonders dramatisch ist, wenngleich sich beide Seiten vor Eskalation hüten. Beide sind elastisch und diplomatisch, aber unversöhnlich in ihrem Kampf.

Die Bürgerrechtsbewegung, die nach den Unruhen vom Juni 1976 von jungen Oppositionellen zur Verteidigung der Arbeiter gegründet worden war, hat inzwischen die sogenannten fliegenden Universitäten eingerichtet. In ihnen werden mit Hilfe einer Reihe von Professoren heimlich Kurse abgehalten, die in geisteswissenschaftlichen Fächern das Wissen vermitteln, das offiziell nicht gelehrt wird. Da diejenigen, die ihre Wohnungen für diesen Zweck hergaben, häufig hohe Geldstrafen zahlen mußten, ist nun die Kirche dazu übergegangen, ihre Keller zur Verfügung zu stellen. Die Regierung protestierte scharf. Darauf fauchte Kardinal Wyszynski zurück, alles, was den Horizont der Jugend erweitere, komme dem Vaterland zugute, und im übrigen gehe es den Staat nichts an, was die Kirche mit ihren Räumen tut.

Karol Wojtyla ist in einem Moment zum Papst gewählt worden, in dem sich eine gewisse Entspannung zwischen Kirche und Staat in Polen anbahnt. Seit Kardinal Wyszynski im Oktober 1977 dem Parteichef Gierek einen Besuch abgestattet hat – den ersten, seit jener 1970 zur Macht kam –, ist das Verhältnis zwischen diesen beiden ungekrönten Königen Polens entspannter als es je in der Nachkriegszeit gewesen ist. Im ersten Jahrzehnt hatte der offensive Atheismus der kommunistischen Regierung und der ebenso offensive Antikommunismus der Kirche wie auch das persönlich gereizte Verhältnis zwischen Gomulka und Wyszynski ein Klima des Kalten Krieges geschaffen. Erst Johannes XXIII. hat es zu neutralisieren vermocht.

Als Edward Gierek im Dezember vorigen Jahres in Rom war, um Papst Paul VI. einen Besuch abzustatten, gab er hinterher einen großen Galaempfang in der polnischen Botschaft. Der einzige Gast, den er draußen am Portal empfing, war Kardinal Wyszynski – weder Andreotti, noch Moro, noch irgendeinem anderen erwies er diese Ehre.

In diesem Jahr geschah dann etwas sehr Spektakuläres: Der Kirche ist der Zugang zu den Massenmedien versperrt – ihr steht nur die Kanzel zur Verfügung, von der Hirtenbriefe verlesen werden. Aber am 12. Februar durfte eine Krakauer Wochenzeitung den Text der Predigt veröffentlichen, in der Kardinal Wyszynski die Grundforderungen der Kirche formuliert hatte. Der Primas verlangte eine eigene katholische Presse. Kanzel und Katechese genügten nicht, der Auftrag der Kirche verlange Offenheit und Freiheit der sozialen Meinung: »Deshalb muß man jegliche Entfremdung im Bereich der öffentlichen Meinungsbildung vermeiden, vor allem eine unter dem Vorwand von

Staatsgeheimnissen übermäßig ausgebaute Zensur. In Wirklichkeit setzt man den Menschen Brillen auf, desinformiert sie, noch schlimmer, man befreit sie von der Verantwortung für die Nation.«

Bald darauf antwortete der Chefredakteur von *Polityka*, M. Rakowski, Mitglied des ZK, in seiner Zeitung. Es sei, so schrieb er, für beide Seiten Zeit, Selbstkritik zu üben: »Man muß das Terrain von Vorurteilen, vom Totschweigen, von Vereinfachung, Mythen, Gewohnheiten und von den Versuchen säubern, beim Partner böse Intentionen für dessen Handlungen zu entdecken.«

Solche Worte waren eine echte Sensation. Es kann sich dabei aber nur um eine neue Qualität des Kampfes handeln, nicht um einen ideologischen Waffenstillstand: Die Kirche wird nicht auf ihren apostolischen Auftrag verzichten und der Staat die kommunistische Ideologie nicht modifizieren. Aber die Ernennung eines Polen zum Pontifex wird das katholische Selbstbewußtsein in aller Welt ungemein stärken und nach und nach den Raum der Freiheit erweitern. Im Vergleich zu der überalterten Führung im Osten ist der Papst noch jung. Als polnischer Kardinal hat er gelernt, Elastizität mit Härte zu verbinden. Ihm mag in unserer inhaltsleeren Zeit sehr wohl das gelingen, was eigentlich die Marxisten sich vorgenommen hatten: die Welt zu verändern.

27. Oktober 1978

Die Krise des Kommunismus

Dies ist die schwerste Krise, die Polen seit Jahrzehnten getroffen hat. Denn diesmal ist die Bevölkerung zutiefst von der Unfähigkeit der Regierung überzeugt.

Wenn die Frauen von der Arbeit kommen, müssen sie zwei

Stunden anstehen, und oft gehen sie dann doch ohne Fleisch heim in eine Wohnung, wo die Familie – je nach Größe – auf ein oder zwei Zimmer zusammengedrängt lebt. Wie im Krieg. Wer heute in Polen vierzig Jahre alt ist, kennt normale Umstände nur vom Hörensagen. Die Arbeiter aber sind selbstbewußt, denn sie wissen sehr genau, was sie leisten: Im vorigen Jahr haben sie 200 Millionen Tonnen Kohle zutage gefördert, die Europäische Gemeinschaft brachte es auf 240 Millionen Tonnen. Kein Wunder, daß die Arbeiter voller Zorn sind und daß dieser Zorn in dem Moment in Aktion umschlug, als die Regierung eine Erhöhung der Fleischpreise annoncierte, deren Subventionierung sie in diesem Jahr vier Milliarden Mark kostet.

Schon im Juli begannen da und dort Streiks. Besorgnis erregten sie vor allem in Lublin, weil die Streikenden dort Güterzüge, die für die Sowjetunion bestimmt waren, blockierten. Aber richtig ernst wurde es erst, als die Arbeiter auf der Lenin-Werft in Danzig in Streik traten. Ihre Forderung: Lohnerhöhung. Die Antwort: zugestanden! Sehr bald kamen politische Forderungen hinzu, Wiedereinstellung von drei Arbeitern, die im Mai 1978 an einem »Gründungskomitee freier Gewerkschaften« mitgewirkt hatten und die später unter verschiedenen Vorwänden entlassen worden sind. Gefordert wurde auch ein Denkmal für die 49 Arbeiter, die bei den Unruhen im Dezember 1970 als »Plünderer und Marodeure« erschossen wurden – und die die Parteileitung später zu »tragischen Opfern« avancieren ließ.

Auch dies wurde akzeptiert, denn die Partei wußte sehr wohl, daß hier und jetzt nicht nur eine wirtschaftliche, sondern auch eine politische Krise offen zutage tritt. Das zeigte sich ganz deutlich, als die Arbeiter auf dem Werftgelände der beschwörenden, mit Lautsprechern verbreiteten Rede des Ministerpräsidenten Babinch nicht lauschten, sondern, in Gruppen zusammenstehend, sich weiter unterhielten. Kommentar: »Warum mit Gequatsche seine Zeit verlieren.« Sie erinnern sich, daß das feierliche Versprechen von 1970, eine »tiefgreifende sozialistische Demokratisierung« durchzuführen, nie eingelöst worden ist. Deswegen haben die streikenden Arbeiter jetzt auch sofort ihre eigenen Komitees gewählt und sich den Teufel um die offiziellen Gewerkschaften geschert.

Wenn man die Bilanz der letzten zehn Jahre betrachtet, kann man sich nicht wundern, daß die Forderungen immer umfassender werden.

Im Dezember 1970 hatte die Regierung die Lebensmittelpreise um durchschnittlich 20 Prozent erhöht. Folge: In Danzig und Umgebung brachen Unruhen aus. Die Miliz wurde eingesetzt, 49 Arbeiter wurden getötet, Gomulka mußte abtreten, Gierek übernahm die Führung. Die Preiserhöhungen wurden annulliert, die Preise bis 1976 eingefroren, die Löhne in dieser Zeitspanne um über 100 Prozent erhöht.

Im Juni 1976 wurden Preiserhöhungen von durchschnittlich 39 Prozent, bei Fleisch sogar von 70 Prozent, ohne jede Vorwarnung festgesetzt. Unruhen brachen aus, Generalstreik drohte. Innerhalb von 24 Stunden widerrief die Regierung die Preiserhöhung.

Im Juli 1980 wurde wegen der drückenden Subventionen ein neuer Versuch, die Preise zu erhöhen, unternommen. Unruhen brachen aus; überall wurden sofort 10 bis 15 Prozent Lohnerhöhung zugesagt. Auch wurde zugesichert, daß bis Herbst 1981 keine weiteren Fleischpreiserhöhungen stattfinden werden.

Inzwischen breiten sich die Streiks entlang der Küste von Stettin bis Elbing rasch aus, auch in Schlesien beginnen Unruhen. Aus den anfänglichen vier Forderungen der Werftarbeiter sind inzwischen 21 geworden; darunter politische Forderungen, die einer Preisgabe des Systems gleichkämen: Aufhebung der Zensur, Einführung freier Gewerkschaften und keine Einmischung der staatlichen Organe in die Tätigkeit der Gewerkschaften; Freilassung aller politischen Häftlinge; Aufhebung der Privilegien des Sicherheitsdienstes, der Miliz und des Parteiapparates. Das sind Forderungen, die für Giereks Partei – und nicht nur für sie – einem Selbstmord gleichkämen.

Diese Krise ist nämlich nicht nur eine Krise Polens, sie ist in noch viel höherem Maße eine Krise des Kommunismus. Die Entwicklung zeigt ganz deutlich, daß ein kommunistisches Regime unfähig ist zu lernen. Es sind immer wieder die gleichen Fehler, die seit Jahrzehnten gemacht werden. Es beginnt mit der Überschätzung der Schwerindustrie. Für sie werden alle Mittel eingesetzt. Im Falle Polens sind dafür riesige Kredite im Westen aufgenommen worden, deren Tilgung und Verzinsung nun die Zahlungsbilanz ruiniert. In diesem Jahr wird der gesamte Wert der Exporte in die westlichen Länder für den Schuldendienst gebraucht. Die Konsumgüterindustrie dagegen wird vernachlässigt. Sie wird für sekundär gehalten, obgleich die Zufriedenheit der Arbeiter der vielleicht wichtigste Produktionsfaktor ist. Aber nach Marx zählen ja nur Kapital und Arbeit, und den Begriff Arbeit hat er sich offenbar nicht personifiziert vorgestellt.

Und was überall im Kommunismus vernachlässigt wird, ist die Landwirtschaft. Lenin hat immer mit Verachtung auf die Bauern herabgesehen und von der »Idiotie des Landlebens« gesprochen. In Polen, wo 75 Prozent der landwirtschaftlichen Nutzfläche – aufgeteilt in oft winzige Höfe – noch immer Eigentum der Bauern ist, hat die Regierung diese Privateigentümer jahrelang bei der Zuteilung von Futterkonzentraten und künstlichem Dünger benachteiligt, um sie für die Abgabe ihres Landes an den Staat gefügig zu machen. Da außerdem die meisten Jungen abgewandert sind (zwischen 1950 und 1970 waren es fünf Millionen) und die Alten auf den Höfen zurückblieben (von den drei Millionen privaten Bauernhöfen wird ein Drittel von Leuten bewirtschaftet, die älter als 60 sind), ist die Folge, daß die meisten nur so viel produzieren wie sie selber brauchen. Und die Folge davon ist, daß Polen, das doch die Kornkammer

Deutschlands – Pommern, Ostpreußen, Schlesien – übernommen hat, im Durchschnitt der letzten Jahre jährlich fünf Millionen Tonnen Getreide einführen mußte. Die Kosten dafür betragen in diesem Jahr 1,7 Milliarden Mark.

Eigentlich hatte Chruschtschow für das Jahr 1980 zweierlei prophezeit: Erstens, Rußland würde Amerika, beziehungsweise der Osten den Westen, überflügeln; und zweitens würde die Sowjetunion in den geheiligten Stand des Kommunismus eintreten, in eine Phase also, in der, praktisch gesprochen, die Sowjets beim kürzesten Arbeitstag den höchsten Lebensstandard der Welt genießen könnten. Nun, von alledem ist natürlich keine Rede. Die antagonistischen Widersprüche sind allenfalls im Kapitalismus beseitigt, aber ganz gewiß nicht im Kommunismus. In Polen ist der Gegensatz zwischen den Funktionären und dem Volk weit größer, als dies im Westen auch nur denkbar wäre.

Was also soll nun werden? Das Zusammenwirken von politischer Krise und wirtschaftlichem Bankrott, gepaart mit dem totalen Vertrauensschwund und der reformwütigen Entschlossenheit der Arbeiter, hat einen nie dagewesenen Zustand der Ungewißheit geschaffen. Alles ist möglich. Man kann sich unschwer jedes Szenario vorstellen, von der Echternacher Springprozession: drei Schritte vor, zwei zurück – bis zum Bürgerkrieg oder einer sowjetischen Intervention. Bisher haben die Streikenden keine Ausschreitungen begangen und die Herrschenden waren maßvoll und weise. Aber man kann Emotionen nicht auf Flaschen ziehen. Und Emotionen gibt es natürlich auf beiden Seiten. Es gibt Heißsporne unter den Arbeitern, die weit mehr wollen als erreichbar ist. Es gibt sicher in der Parteiführung Leute, die sagen, dies ewige Nachgeben wird unsere Köpfe kosten, man muß schleunigst hart durchgreifen.

Gierek, der Chef der polnischen KP, muß diese Krise lösen, oder die Russen werden sie eines Tages für ihn lösen. Aber was kann er tun? Immer mehr wirtschaftliche Zugeständnisse machen? Es gibt in der sozialisierten Wirtschaft Polens etwa zwölf Millionen Arbeiter. Wenn deren Lohn auch nur um zehn Prozent erhöht wird, kostet dies den Staat 2,4 Milliarden Mark im Jahr. Die Fleischpreiserhöhung, derentwegen die Streiks begannen, hätte etwa 300 Millionen Mark betragen. Es wird also schon jetzt ein Riesenloch ins Budget gerissen, noch mehr Kaufkraftüberhang geschaffen, die Inflation weiter angeheizt, und Fleisch gibt es trotzdem nicht.

Wenn Gierek mehr demokratische Rechte gewähren würde, um das Volk zufriedenzustellen? Es ist leichter, den Preis für Fleisch festzusetzen, als den Preis für die Freiheit zu bestimmen. Denn wo ist die Grenze? Wo beginnt der Selbstmord? Dennoch muß Gierek gerade hier Zugeständnisse machen. Die Polen sind ein tapferes Volk, im Widerstand geübt und in Revolten erfahren. Eines Tages werden sie sich sowieso die Freiheit nehmen, die sie zum Leben brauchen. Besser wäre es, sie in kleinen Schritten im Rahmen des Warschauer Pakts zu gewähren, als alles zu gefährden. Polen ist ja schon heute die offenste Gesellschaft, die es im östlichen Lager gibt. In den sogenannten inoffiziellen Zeitschriften, die ziemlich unbehelligt erscheinen, kommt jedwede Kritik deutlich und unter Namensnennung des Autors zum Ausdruck.

Wahrscheinlich ist es zu optimistisch, aber könnte man nicht doch hoffen, daß dies die Sternstunde Polens ist, um jenes Ziel – mehr Freiheit im Rahmen des Warschauer Pakts – zu erreichen? Wieso Sternstunde? Weil die Reizschwelle der Sowjets in Anbetracht von Afghanistan heute höher liegt als in normalen Zeiten. Und weil als Folge der miserablen Wirtschaftslage, die eingestandenermaßen auf Fehlern der Regierung beruht, die Funktionäre zur Zeit ganz schwach sind, während die Arbeiter, denen so bereitwillig nachgegeben wurde, sich ganz stark fühlen.

Fast ist es so, als sei plötzlich eine Art Gleichgewicht zwischen Herrschenden und Beherrschten eingetreten, ein Zustand, der im kommunistischen System normalerweise nicht vorkommt und der bei vorsichtigem Manövrieren eine gute Ausgangsbasis bieten könnte. Aber: Man kann nur hoffen und wünschen, mehr kann man nicht tun. *22. August 1980*

Ein großer Sieg –
und was nun?

Es gibt ein russisches Sprichwort: »Wenn die Fahnen flattern, ist der Verstand in der Trompete.« Die weiß-roten Fahnen Polens flatterten mit Recht, denn die siebzehn Streiktage an der polnischen Ostseeküste haben das Land von Grund auf verändert. Man muß nur hoffen, daß die Arbeiter, die bisher solch präzise Millimeterarbeit geleistet haben, die Trompete auch weiterhin in der Ecke lassen, in der sie während der ganzen Zeit stand, obgleich Trompetenstöße – als ein Fanal, das historische Stunden kündet – eine durchaus angemessene Begleitmusik wären.

Denn das, was dort auf der Danziger Werft erreicht wurde, ist zwischen Elbe und Ussuri einmalig: freie Gewerkschaften, in geheimer Wahl gewählt, und ein verbrieftes Streikrecht. Und Hand aufs Herz: Noch vor einer Woche schrieben einige und dachten sehr viele hierzulande, die einzige Frage sei, wer zuerst eingesetzt würde: die polnische Miliz oder die sowjetische Armee.

Die Ohnmacht der Macht, die doch die Amerikaner schon in Vietnam mit erbarmungsloser Deutlichkeit zu spüren bekamen und die nun in Afghanistan dem Militärapparat der Russen keinen Erfolg vergönnt, wollen viele Leute nicht zur Kenntnis nehmen. Und tatsächlich bietet ja ein Blick auf die Karte auch ein wirklich beängstigendes Bild. Rund um Polen steht eine sowjetische Division neben der anderen: 33 an der Ostgrenze des Landes, 20 im Westen Polens, in der DDR, und 5 im Süden, in der ČSSR – zusammen 60 Divisionen mit etwa 720 000 Mann, die Ostdeutschen und Tschechen nicht mitgerechnet, dazu 16 000 Panzer. Aber die Solidarität der 250 000 polnischen Arbeiter genügte, um diese riesige Militärmaschine zu neutralisieren.

Freilich bedurfte es auch der Gelassenheit jenes unauffälligen Mannes, der in diesen dramatischen Tagen zum Chef des gewaltlosen Aufstandes wurde. Lech Walesas Zuversicht und Entschlossenheit werden offensichtlich aus anderen Quellen gespeist als denen weltlichen Machtbewußtseins.

Maßvoll und besonnen gingen die Arbeiter unter seiner Ägide vor. In keinem Moment wollten sie das Regime stürzen oder auch nur gefährden. Sie wollten ganz einfach ihre Interessen besser vertreten wissen. Diese Interessen erschöpften sich nicht in der Forderung nach mehr Fleisch und wenigstens ein bißchen Wohlstand, obgleich sie beides seit langem entbehren, sondern sie verlangten ihr Recht als Arbeiter und als Bürger. Und sie hatten dabei stets das Ganze im Sinn. Sie setzten die Freilassung aller politischen Gefangenen durch – Kuron und Michnik und die anderen inhaftierten Dissidenten sind bereits am Montag wieder auf freien Fuß gesetzt worden. Ferner wurde ihnen die Aufhebung der Zensur zugesagt, Gewährung von Redefreiheit und Zulassung der Kirche zu den Massenmedien . . .

Die Streikenden haben kein einziges Mal die Zugehörigkeit zum Warschauer Pakt oder das sozialistische System in irgendeiner Weise in Frage gestellt, auch wenn die *Prawda* jetzt schreibt, es seien antisozialistische Elemente am Werke gewesen, die Polens schwierige wirtschaftliche Lage zu konterrevolutionärer Aktivität genutzt hätten.

Allerdings wäre beinahe noch am späten Samstagabend in der

vorigen Woche alles schiefgegangen: Im Präsidium des Streikkomitees brach plötzlich eine Meinungsverschiedenheit auf. Einige Mitglieder glaubten, daß die Anerkennung der führenden Rolle der kommunistischen Partei die neu zu gründenden Gewerkschaften in ihrer Unabhängigkeit zu stark beeinträchtigen werde. Walesa aber, der sofort verstand, daß eine solche Diskussion alles aufs Spiel setzen würde, wandte sich über die Köpfe des Präsidiums hinweg an das Gesamtkomitee der 1000 Delegierten und rief: »Wenn wir in der Gewerkschaft sind, dann werden wir nicht zulassen, daß irgend jemand eine führende Rolle über sie ausübt.« Damit war die Situation gerettet. Gleichwohl muß man sich fragen, wie denn eigentlich der Machtanspruch der Partei in Zukunft gerechtfertigt werden soll, wenn sie nicht einmal mehr theoretisch die Interessen der Werktätigen repräsentiert.

Das ganze Land hat im Fernsehen miterleben können, wie Walesa im T-Shirt, mit Rosenkranz um den Hals, mit einem überdimensionalen Stift, den das Bild des Papstes zierte, die Vereinbarung unterzeichnete. Nachdem die vertragschließenden Parteien sich die Hände geschüttelt hatten, sangen alle gemeinsam die Nationalhymne »Noch ist Polen nicht verloren«, jenes Lied, das dem Freiheitskämpfer Jan Henryk Dabrowski gewidmet ist, der 1794 am Aufstand Kosciuszkos teilgenommen, dann 1806 die Revolte in Polen entfesselt hat und der Ende des 18. Jahrhunderts in Oberitalien die »polnischen Legionen« zusammenstellte.

Der erste Akt ist also unerwartet glücklich überstanden. Aber wie wird es weitergehen? Diese Frage hat zwei Komponenten, eine politische und eine wirtschaftliche.

Die politischen Aussichten beurteilen die meisten Außenstehenden eher skeptisch. Sie glauben, die Sowjets könnten die Entmachtung einer kommunistischen Partei in ihrem Bereich nicht dulden. Zugegeben: Sie hätten das, was geschehen ist, gern verhindert, aber das ging eben nicht. Und darum haben sie sich entschlossen, die Veränderungen in Polen nicht zu billigen, aber zu dulden. Sie hoffen wohl, es werde möglich sein, das, was jetzt auf dem Papier zugestanden wurde, im Zuge der praktischen Verwirklichung – sei es bei der Abfassung der Gesetze im Sejm oder bei der Handhabung im Behördenapparat – scheibchenweise wieder zurückzunehmen. Auch Moskau muß gelegentlich zwischen zwei Übeln wählen, und im Moment schien alles besser als offene Konfrontation.

Die polnische Regierung handelte vermutlich aus den gleichen Motiven. Aber sie ist zu schwach, und nichts zeichnet sich ab, was diesen Zustand verändern könnte. Darum kann sie sich keine Hoffnungen darauf machen, daß es ihr gelingen könnte, die Uhr wieder zurückzustellen. Im übrigen haben beide Seiten – Regierung wie Arbeiter – so vernünftig, so wirklichkeitsbezogen gehandelt, daß nicht einzusehen ist, warum dies in der nächsten Phase nicht ebenfalls möglich sein sollte, zumal beide ja das gleiche Ziel haben: der polnischen Wirtschaft wieder auf die Beine zu helfen.

Die wirtschaftlichen Probleme sind, objektiv gesehen, noch schwieriger als die politischen. Sie sind überhaupt nur lösbar, wenn alle am gleichen Strang ziehen. Denn mindestens die Schwierigkeiten, die auf die totale Verzerrung der Preise zurückzuführen sind, gehen doch auf das Konto der Arbeiter, die jedesmal rebellierten, wenn die Regierung die Fleischpreise heraufsetzen wollte. Es ist aber unerläßlich, daß die durch Subventionen künstlich niedrig gehaltenen Preise der Wirklichkeit angepaßt werden, da sie ständig eine erhöhte Nachfrage stimulieren und die Regierung zu riesigen Importen zwingen – im vergangenen Jahr waren es 500 000 Tonnen Fleisch.

Die wirtschaftlichen und sozialen Zugeständnisse, die jetzt die Regierung gemacht hat, sollen für alle Arbeiter gelten, nicht nur für jene, die in den Werften beschäftigt sind – wobei einstweilen niemand weiß, ob nicht die anderen noch wieder Extrawürste verlangen. Doch Lohnerhöhungen, Kinderzulagen, mehr Fleisch, bessere medizinische Versorgung, zusätzlicher Wohnungsbau – wenn all diese Forderungen erfüllt werden sollen, dann ist das nur mit Hilfe der Notenpresse möglich. Dies aber würde den Lebensstandard nicht verbessern, sondern nur zum raschen allgemeinen Zusammenbruch beitragen. Das weiß die Regierung auch.

Sie baut also offenbar darauf, daß die Bevölkerung am ehesten dann ihre Erwartungen einschränken wird, wenn sie an der Verantwortung mitbeteiligt ist. Mieczyslaw Rakowski, Mitglied des ZK und Chefredakteur der *Polityka,* der während der letzten drei Wochen eine wichtige Rolle in Polen gespielt hat, sagt, daß die Parole jetzt heißen muß: Offenheit statt Geheimniskrämerei, dezentralisierte Verantwortung statt zentralen Bürokratismus, Willensbildung auch an der Basis, anstatt ausschließlich autoritäre Anordnungen von der Spitze.

Eine Zusammenarbeit von unten und oben, dazu die Bereitschaft, gemeinsam eine lange Durststrecke zu bewältigen – das allein kann Erfolg garantieren. Und Erfolg ist möglich. Gewiß stammen die Schwierigkeiten, in die Polen geraten ist, zu einem gut Teil daher, daß Gierek in der ersten Hälfte der siebziger Jahre im Überschwang der Amtsübernahme ein viel zu ehrgeiziges Investitionsprogramm auf Pump finanziert hat; aber es ist damals doch auch viel geschaffen worden. Polen steht heute mit an der Spitze der Kohlenexporteure der Welt; es produziert etwa so viel Rohstahl wie Großbritannien, so daß es demnächst den eigenen Bedarf zu decken vermag; in den letzten zwanzig Jahren ist das größte Kupfervorkommen Europas systematisch ausgebaut worden; Schiffsbau und Maschinenbau florieren und genügen den modernsten Anforderungen.

Wenn es gelingt, den neuen Elan der siegesgewissen Arbeiter in eine Erhöhung der Arbeitsproduktivität umzusetzen, wenn Regierung und Arbeiterschaft bereit sind, bei der notwendigen

Umstrukturierung und vor allem bei einer Intensivierung der Landwirtschaft zusammenzuwirken, dann gibt es keinen Grund, Polens Aussichten so pessimistisch zu betrachten, wie es viele heute tun. Dann kann man auf friedliche Evolution hoffen und braucht nicht gewalttätige Revolution zu befürchten.

5. September 1980

Panzer an der Grenze, Reformen im Lande

Eine alte Erfahrung besagt, daß die Stimmung in Polen immer schlechter ist als die Lage. Aus der Tatsache, daß die Stimmung zur Zeit dort weniger pessimistisch ist als außerhalb des Landes, müßte man daher schließen können, daß die objektive Lage gar nicht so schlimm ist. Vielleicht also kann man hoffen, daß alles noch einmal glimpflich abläuft. Der Verlauf der ZK-Tagung, die vorige Woche in Warschau stattfand, und das Kommuniqué der Konferenz des Warschauer Pakts, die gleich darauf in Moskau tagte, scheinen eine solche Deutung zuzulassen.

Die ersten Unruhen in Polen brachen schon am 2. Juli dieses Jahres aus. Im August konzentrierte der Aufruhr sich dann auf das Küstengebiet um Danzig und breitete sich von dort über das ganze Land aus. Seit fünf Monaten leben die Polen also zwischen Hangen und Bangen. Das zerrt an den Nerven. Da kann man Unkenrufe aus dem Westen weiß Gott nicht gebrauchen. Das ist dann einfach zuviel.

Der polnische Balanceakt – bisher von den Arbeitern und auch von der Regierung mit soviel Präzision ausgeführt – verlangt, daß alle Umstehenden den Atem anhalten und die Akteure nicht mit ihrem Krisengeschrei verunsichern. Denn ist es nicht so, als balancierten zwei Rivalen auf dem Seil? Sie gehen, von verschiedenen Seiten kommend, drohend aufeinander zu und wissen doch beide ganz genau, daß keiner den anderen zum Absturz bringen darf, weil sie nur gemeinsam überleben können. Also Schluß mit den irritierenden Unkenrufen.

Und Warnungen an Moskaus Adresse sind im Grunde auch überflüssig. Für die Sowjets steht unendlich viel auf dem Spiel, denn Polen hat für den Warschauer Pakt kaum weniger Bedeutung als die Bundesrepublik für die Nato. Darum zählt die Drohung, der Westen werde die Entspannung endgültig blokkieren, falls Moskau in Polen einmarschiere, nicht viel. Das Problem Polen wird von den Sowjets unter ganz anderen, sehr viel existentielleren Gesichtspunkten betrachtet und entschieden. Anstatt die emotionale Besorgnis »die Russen kommen« ständig zu wiederholen, wäre es besser, sich einmal ganz rational die Frage zu stellen, die sich die Sowjets zweifellos auch stellen: »Und was nach einer Intervention?«

Natürlich könnten die Sowjets das Land in drei Tagen unter ihre Botmäßigkeit zwingen. Selbst wenn, was anzunehmen ist, ein Teil der polnischen Armee kämpft, aber auch, wenn die Kremlführer sich ungerührt über einige tausend Tote hinwegsetzen sollten, müßten sie auf Jahre hinaus die Wirtschaft subventionieren und mit Sabotageakten gegen die Verbindungslinien rechnen, die durch Polen zu den 22 russischen Divisionen führen, welche in der DDR stationiert sind. Moskau kennt das Nationalgefühl und die Aufsässigkeit der Polen, darum wollen die Sowjets es der polnischen KP-Führung überlassen, Ordnung im Lande zu halten. Und falls Russen überhaupt beten, dann beten sie bestimmt dafür, daß dies gelingen möge. Im Kommuniqué der Warschauer-Pakt-Staaten heißt es daher: »Die Teilnehmer des Treffens brachten ihre Überzeugung zum Ausdruck, daß die Kommunisten, die Arbeiterklasse, die Werktätigen des brüderlichen Polen imstande sein werden, die entstandenen Schwierigkeiten zu überwinden und die weitere Entwicklung des Landes auf sozialistischem Weg zu sichern ... Die Vertreter der PVAP betonen, daß Polen ein sozialistischer Staat, ein festes Glied der Familie des Sozialismus war, ist und bleibt.«

Allerdings: Gelingt dies nicht, sollten die Polen in diesem Winter bei 20 Grad Kälte stundenlang für Lebensmittel anstehen und dann auch noch in ihren Wohnungen frieren müssen, dann könnte es wohl sein, daß die Wut stärker wird als jegliche Vernunft. Und wenn dann erst ein paar Parteibüros brennen und die Miliz eingesetzt werden muß, dann könnte man sich vorstellen, daß die vielen hohen Parteigenossen, die bei den Säuberungen der letzten Monate hinausgeflogen sind, die Sowjets zu Hilfe rufen, um die Herrschaft der Partei zu retten.

Darum heißt es denn auch in jenem Kommuniqué: »Es wurde bekräftigt, daß das sozialistische Polen, die Polnische Vereinigte Arbeiterpartei und das polnische Volk fest mit der brüderlichen Solidarität und Unterstützung der Teilnehmerstaaten des Warschauer Vertrags rechnen können.«

Aber soweit ist es einstweilen nicht. Und damit es nicht dazu kommt, kann der Westen eine ganze Menge tun. Was kann er tun? Man sollte so rasch wie möglich all die in seinen Lagerhäusern nutzlos angehäuften Berge von Butter, Rindfleisch und Milchpulver einer vernünftigen Verwendung zuführen und sie nach Polen schicken. Auch wenn die Sowjets etwas von Einmischung murmeln, werden sie letzten Endes doch froh sein, daß sie nicht selbst einspringen müssen, denn auch bei ihnen herrscht Knappheit. Der Einwand, solche Hilfe komme nicht dem Volke, sondern nur der kommunistischen Parteiführung zugute, ist fehl am Platze. Diese polnische Parteiführung hat längst eingesehen, und Kania hat es auch immer wieder gesagt, daß Reformen unumgänglich sind, sonst wären nicht fast das ganze Politbüro, 19 von 49 Woiwoden, über 50 Betriebsdirektoren und Hunderte von führenden Funktionären in diesen Monaten ausgewechselt worden. Man muß dieser Regierung helfen, weil sie alles tut, um einerseits den Arbeitern soweit wie möglich entgegenzukommen und andererseits den großen Bruder zufriedenzustellen – wobei man allerdings nicht weiß, ob dieser nur darauf wartet, das, was bisher geschehen ist, wieder rückgängig zu machen.

Alle bisherigen Krisen in Polen – 1956, 1970, 1978 – wurden durch wirtschaftliche und soziale Mißstände ausgelöst: Preiserhöhungen, zuwenig Konsumgüter, kein ausreichender Wohnraum. Jetzt, 1980, geht es zum ersten Mal auch um prinzipielle, systemverändernde Forderungen. Der Grund: Bisher war es noch jedesmal so, daß alle Zusagen von der Partei entweder gleich unterlaufen oder hinterher zurückgenommen wurden. Darum forderten die Arbeiter diesmal unabhängige, freie Gewerkschaften und das Streikrecht, ferner die Abschaffung aller Privilegien für Angehörige des Parteiapparates und der Miliz; schließlich sind sie gegen die Pressezensur und kämpfen für den »Zugang der Vertreter aller Glaubensbekenntnisse zu den Massenmedien«.

Weil sie das Vertrauen in die Führung verloren hatten, wollen sie jetzt mitbestimmen, und es ist ihnen auch tatsächlich gelungen, in diesen Monaten systemverändernde Maßnahmen durchzusetzen, die sich nicht mehr zurückdrehen lassen.

Eines freilich werden sie nicht können: kurzfristig die wirtschaftliche Lage verbessern. Giereks Wirken ist der beste Beweis für die Schwierigkeiten, die einer Umstrukturierung der Wirtschaft Polens entgegenstehen. Gierek war doch mit dem Versprechen angetreten, die Wirtschaft mit Hilfe westlicher Kredite zu modernisieren. In der ersten Hälfte seiner Regierungszeit von 1970 bis 1975 war er auch wirklich ungewöhnlich erfolgreich: Die Investitionen stiegen rasch, das Wachstum der Wirtschaft betrug jährlich zehn Prozent, die Reallöhne stiegen um jährlich sieben Prozent, zwei Millionen neue Arbeitsplätze wurden geschaffen. Aber diese Erfolge wurden allein durch westliche Kredite finanziert. Der Schuldenberg wuchs und wuchs.

Auch das wäre vielleicht noch zu ertragen gewesen, wenn nicht das Dogma, das da lehrt, im Sozialismus gäbe es keine Inflation, allen vernünftigen Maßnahmen Grenzen gesetzt hätte. Gierek meinte offenbar, für die Grundnahrungsmittel einen Preisstopp verordnen zu müssen. Da aber die westlichen Kredite den Umlauf an Zahlungsmitteln vergrößerten und damit die Kaufkraft stieg, trat sehr bald Warenknappheit ein – eine Kalamität, die noch dadurch verstärkt worden ist, daß die Konsumgüterindustrie seit Jahren zu Gunsten der Schwerindustrie vernachlässigt worden ist.

Das Ergebnis: Immer mehr Kapital mußte für die Subventionen der Lebensmittel aufgewendet werden, 1979 waren es bereits 300 Milliarden Złoty (16 Złoty = 1 Dollar), in diesem Jahr werden es wohl 500 Milliarden sein. Außerdem blieb Gierek nun gar nichts anderes übrig, als die fehlenden Gütermengen im Ausland zu kaufen, das heißt, es wurde mehr importiert als exportiert. Die Handelsbilanz, die dem Westen gegenüber noch 1970 aktiv war, wies von Jahr zu Jahr höhere Fehlbeträge auf; bereits 1975 betrug das Defizit sieben Milliarden Dollar.

Heute ist die westliche Schuldenlast auf 21 Milliarden Dollar gestiegen – Zinsendienst und Tilgung verschlangen im letzten Jahr mit sieben Milliarden Dollar sämtliche Exporterlöse. Um dieser Entwicklung Einhalt zu gebieten, wurden schließlich alle Westimporte scharf gedrosselt, wodurch die Versorgungslücken noch größer wurden. Jetzt fehlen Rohstoffe, und es fehlt Energie, so daß ein Teil der industriellen Kapazität stillgelegt werden mußte.

Jeder, der diese Erbschaft anzutreten hat, ist zu bemitleiden. Man kann nur hoffen, daß die politischen Erfolge, die die Arbeiter errungen haben, sie zu verstärkter Arbeitsproduktivität motivieren. Und man muß hoffen, daß die Dreier-Allianz zusammenhält: Die Arbeiter, die den Funktionären Angst machen, die Intellektuellen, die die Strategie entwerfen, und die Kirche, die zur Vernunft mahnt. *12. Dezember 1980*

Reform am Rande der Katastrophe

Jahrelang ging es in Polen im Springprozessionsrhythmus: ein Schritt voran, zwei Schritte zurück – bis das Land schließlich am Rand des Abgrunds stand. Jetzt scheint es umgekehrt zu sein. Jetzt gilt offenbar: zwei Schritte voran, ein Schritt zurück – und das ist eine entscheidende Verbesserung.

Der Schritt zurück nach den ersten neun Monaten stürmischer Erneuerung wurde durch den Brief ausgelöst, den Breschnew am 5. Juni an das polnische Politbüro richtete und der Moskaus starke, ja vernichtende Kritik an der Warschauer Parteiführung zum Ausdruck brachte. Der Brief hatte zwei Folgen. *Erstens* hat das Schreiben auf quasi-dialektische Weise Kania genutzt: Es hat ihn beim polnischen Volk populärer gemacht, als er bis dahin war. *Zweitens* hat es allen Leuten – den Harten wie den Erneuerern – einen so großen Schrecken eingejagt, daß Partei und Regierung, die sich schon im Prozeß der Auflösung befanden, den Mut faßten, die Zügel wieder anzuziehen, und das Publikum dies auch ohne Widerstand, wenngleich mit großem Bedauern, ertrug.

Daß die Führung wieder härter geworden ist, war angesichts der zornigen Reaktionen aus Moskau und den Nachbarstaaten einfach notwendig. Zu sehr hatten die Polen sich daran gewöhnt, daß die Parteispitze sich alles abtrotzen ließ: »Freie Gewerkschaften? Ganz undenkbar . . .« Heute gibt es sie. – »Streikrecht? Das kann unter keinen Umständen zugestanden werden...« Aber dann wurde es doch eingeführt. – »Eine Bauerngewerkschaft? Nein, das kommt überhaupt nicht in Frage...« Am Ende kam sie doch.

Folge: Niemand nahm die Führung noch ernst. Hunderte von unzensierten Flugblättern und Schriften aller Schattierungen wurden produziert, verteilt, verkauft. In Danzig sah ich irgendwo eine Zeichnung angeschlagen: eine armselige, gebeugte Gestalt am Stock, zerrissene Jacke, geflickte Hose, darunter stand: »Ganz egal – Hauptsache Sozialismus.« Und an einer anderen Stelle auf schon vergilbtem Papier eine ähnliche Figur mit der Unterschrift: »Ist das schon Sozialismus, oder kommt es noch schlimmer?« In der emotionalisierten Atmosphäre ist plötzlich auch Katyn wieder zu einem Diskussionsthema geworden. Schließlich aber, gefährlicher als alles andere: Hier und da werden sowjetische Denkmäler beschmiert oder beschädigt. Niemand weiß, von wem oder warum. Sind es Provokationen oder vom Haß diktierte Handlungen?

Die Reformer fürchten, der Schritt zurück könne das Ende, vielleicht sogar die Rücknahme alles Erreichten einleiten. Als Außenstehender meint man eher, daß ein unbegrenzter Fortgang das Ende hätte bedeuten können – und dann wahrscheinlich ein Ende mit Schrecken. Auch muß man sagen, es ist mittlerweile soviel erreicht worden, daß die Uhr gar nicht wieder zurückgestellt werden kann. Zehn Millionen selbstbewußte Arbeiter in der *Solidarität*, darunter etwa eine Million kommunistischer Parteimitglieder, dazu noch zwei Millionen organisierte Bauern – deren Wunsch und Wille läßt sich in einem Arbeiter- und Bauernstaat ja wohl nicht einfach als konterrevolutionär abtun.

»Wenn nun aber die Sowjetunion darauf bestehen sollte, den Parteitag zu verschieben...« fragte ich einen Professor. »Dann würde die Partei sich spalten«, war die prompte Antwort, die anderntags ein Politiker bestätigte.

Wer Polen vor den Ereignissen von Danzig im August 1980 – sozusagen noch unter dem *ancien régime* – zuletzt gesehen hat, der erkennt das Land kaum wieder. Hier hat wirklich die größte Umwälzung seit der Oktoberrevolution stattgefunden, ohne daß eine einzige Fensterscheibe kaputtgegangen ist.

Ich besuchte einen alten Freund, Stefan Kisielewski, einen bekannten Schriftsteller; auf seinem Tisch lagen Dutzende von *Le Monde*-Exemplaren im Streifband. »Warum machst du denn die Zeitungen nicht auf?« – »Weil ich jetzt aus unseren eigenen genug erfahre.« Tatsächlich gibt es praktisch keine Zensur, oder soll man sagen: es gab keine, denn gerade in diesen Tagen werden Parteiversammlungen und Parlamentsdebatten in Rundfunk und Fernsehen *live* übertragen. »Das ist viel aufregender als jeder Krimi«, sagte mir ein Bekannter, der ebenso erstaunt wie begeistert darüber ist, nun plötzlich mitzuerleben, wie die Leute, die bisher nur mit dem Kopf nickten, dramatische Debatten miteinander ausfechten.

Die allergrößte Umwälzung aber hat bei der Auswahl der Delegierten für den Parteitag stattgefunden, die in der letzten Woche abgeschlossen worden ist. Um das zu verstehen, muß man sich den Vorgang einmal vergegenwärtigen. In allen Regionen des Landes wurden auf der untersten Ebene – in den Gemeinden und Städten wie in den kleineren Betrieben (die 200 Großunternehmen wählen ihre eigenen Betriebsvertreter) – in Parteiversammlungen Wahlmänner gewählt, die ihrerseits dann die Woiwodschaftskomitees und den Ersten Sekretär für die 49 Woiwodschaften wählen und ferner die Delegierten zum außerordentlichen Parteikongreß. Früher wurden die Delegierten für den Parteitag von der Kaderabteilung im ZK ausgesucht und gewöhnlich ohne Widerspruch durch Akklamation bei den Woiwodschaftskonferenzen bestätigt. Heute werden sie in geheimer Wahl von der Basis berufen.

Demokratischer also geht es nicht. Aber man kann sich die

Sorge der Kader vorstellen, die gewöhnt waren, bis ins letzte Regie zu führen und dafür zu sorgen, daß die ihnen genehmen Leute an die von ihnen bezeichneten Stellen kamen. Das neue Verfahren muß ihnen wie eine Lotterie, wie ein lebensgefährliches Vabanquespiel erscheinen.

In der Tat weiß niemand genau, was für eine Versammlung auf solche Weise zusammengekommen ist. Man weiß zwar, daß sie aus etwa 20 Prozent Arbeitern, 50 Prozent Intelligenzija und 10 Prozent Bauern besteht, aber sehr viel mehr auch nicht. Offenbar war die Wahl eine Art Klassenkampf der technischen Intelligenzija in der Provinz gegen die neue Klasse in Warschau und den Hauptstädten der Woiwodschaften. Sehr viele Techniker und Ingenieure, auch Manager sind gewählt worden, aber sehr wenige Intellektuelle – Ärzte, Professoren, Journalisten. Man kann sich also vorstellen, daß eine gewisse Lehrzeit notwendig ist. Aber ich kenne mit Ausnahme der Italiener keine Nation, deren Bürger so gewitzt, so schlau und so raschen Geistes sind wie die Polen.

Das erste Ergebnis dieser Wahl ist, daß 90 Prozent aller bisherigen Delegierten nicht wiedergewählt worden sind und ganze Woiwodschaftskomitees einfach weggewischt wurden. In Suwalki, nahe der alten ostpreußischen Grenze, ist vom Ersten Sekretär bis zum letzten Schreiber der ganze Parteiapparat durchgefallen. Eine besondere Klippe für die Parteiführung angesichts des neuen Verfahrens war es, die »zentralen Kandidaten«, also Mitglieder des Politbüros und des Sekretariats, in den Woiwodschaftswahlen durchzubekommen. In einigen Fällen, in denen es sich um notorisch harte Funktionäre handelt, die aber mit Rücksicht auf Moskau und die Nachbarn in jedem Fall dabeibleiben müssen – wie beispielsweise Grabski oder der Kattowitzer Erste Sekretär Zabinski –, hat Kania in den letzten Wochen nachhelfen müssen.

Man darf nicht vergessen, daß Kania seit August vorigen Jahres nicht festen Boden unter den Füßen hatte, sondern auf einem Seil balancierte. Jetzt muß er das Kunststück fertigbringen, genug alte Gesichter im Politbüro zu haben, um die Russen zu beruhigen, und genug neue, damit das Volk und die Reformer nicht meutern. Aber Kania ist ein großer Taktiker, der das schon schaffen wird.

Das Zentralkomitee, das bisher aus 150 Vollmitgliedern und 100 Kandidaten bestand, soll in Zukunft 200 Vollmitglieder und 70 Kandidaten haben. Darüber wird auf dem Parteikongreß entschieden werden. Zu den wichtigen Entscheidungen, die jeder Parteitag zu treffen hat − alle fünf Jahre das ZK zu wählen und über das Regierungsprogramm abzustimmen −, kommt diesmal noch die Aufgabe, die Struktur der Partei neu festzulegen und die bisher eingeführten Reformen zu bestätigen. Es besteht der Plan, den Ersten Vorsitzenden nicht mehr durch das Politbüro, sondern direkt durch das Zentralkomitee wählen zu lassen − was einer weiteren Demokratisierung gleichkäme. Die Grundkonzeption lautet, die Partei soll mehr Kontrollfunktion haben und weniger Entscheidungsbefugnisse, denn die Devise heißt jetzt: Dezentralisierung.

Angesichts dieser wachsenden Zahl von unbekannten Faktoren, die vieles, was bisher von den Parteifunktionären so sicher geordnet werden konnte, dem »Zufall« des Volkswillens überläßt, kann man die besorgte Unruhe der Sowjets verstehen. Wenn sie gekonnt hätten, hätten sie der Erneuerung sicherlich gleich zu Beginn Einhalt geboten − aber auch Großmächte können eben nicht immer so, wie sie möchten.

Wie war soviel Wandel überhaupt möglich? Möglich gemacht wurde er allein durch die Arbeiterbewegung, also die freie Gewerkschaft *Solidarität*. Und diese wiederum ist das Ergebnis einer ganzen Kette von Ereignissen gewesen, deren erstes Glied die blutigen Unruhen vom Dezember 1970 waren. Damals schwor Gierek, der Gomulkas Erbschaft antrat, daß nie wieder Polen auf Polen schießen werden − ein Schwur, den auch die nächste Führungsgeneration, Kania und Jaruzelski, entschlossen ist zu beherzigen.

Dann begannen 1976 die Unruhen in der Warschauer Traktorenfabrik »Ursus« und in Radom, als deren Konsequenz KOR, das »Komitee zur Verteidigung der Rechte der Arbeiter«, gegründet wurde. Dies war ein wichtiger Meilenstein, weil sich nun die Intellektuellen mit den Arbeitern verbanden und der Bewegung eine geistige Direktion und die politische Substanz gaben. Viel Gedanken- und Erziehungsarbeit ist damals geleistet worden.

Schließlich wurde 1978 der Krakauer Kardinal zum Papst gewählt; diese Verbindung Polens mit einer der großen geistigen Traditionen der Welt gab dem Land das Selbstbewußtsein wieder.

Als der Papst im Sommer 1979 nach Warschau kam, auf dem großen Platz vor der Oper eine Messe zelebrierte und eine Ansprache hielt, beschloß er diese mit den Worten: »Möge der Heilige Geist das Antlitz dieser Erde erneuern . . .« Pause, und dann noch einmal: *dieser Erde*«. Da wußte jeder Pole, sagte mir einer von ihnen, daß dies der Auftrag war, Polen geistig zu erneuern.

Die *Solidarität*, die sich im Spätsommer vorigen Jahres auf der Lenin-Werft in Danzig spontan gebildet hat, die aber das Produkt eines langen Reifeprozesses ist, hat in einem im Februar 1981 veröffentlichten umfangreichen Themenpapier ihre Grundvorstellungen dargelegt: »Wir werden die Rechte des Menschen, des Bürgers und Arbeiters verteidigen . . . Deshalb werden wir nach gesellschaftlicher Mitwirkung an den öffentlichen Entscheidungen und an der Kontrolle der Macht streben.« Als Grundwert werden genannt: die polnischen Traditionen, die ethischen Grundlagen des Christentums, der politische Auftrag der Demokratie und der sozialistische Gedanke der Gesellschaft.

Bei der Analyse der wirtschaftlichen Lage werden als Fehlerquellen diagnostiziert: »das strukturelle Ungleichgewicht zwischen Schwerindustrie auf der einen Seite, Konsumgütern sowie Landwirtschaft auf der anderen«, ferner »das Regieren der Wirtschaft durch administrative Anordnungen, was dem Einzelunternehmen keine Möglichkeit zu vernünftiger Wirtschaftsentscheidung gab und unmäßige Verschwendung zur Folge hatte«. »Es entstand«, heißt es weiter, »eine abgekapselte, unkontrollierte, persönliche Ziele verfolgende Klasse von Regierenden . . ., die 1976 die fälligen Reformen und Maßnahmen zur Gesundung der Wirtschaft verhinderte.« Schlußfolgerung: »Eine Wirtschaftsreform ohne tiefgreifende Reformen und Erneuerung des Umgangs und der Verwaltung der Macht hat keine Erfolgsaussicht.«

Die *Solidarität* fordert als allerwichtigste Maßnahme: Einschränkung der Bürokratie, Dezentralisierung der Entscheidungen und eine umfassende, radikale Preisreform, wobei die »Funktionsfähigkeit des Marktes« postuliert wird; und sie spricht auch von einem »Angebot zur Mäßigung bei der Lohnpolitik im Jahre 1981«.

Tatsächlich hat man mit der Reform gerade in diesen Tagen begonnen. Als erstes wurde die Vielzahl der Ministerien – es gab über 40 – reduziert: Aus neun von ihnen wurden fünf gemacht. Ich war vorige Woche im Parlament, als die erste Lesung des Gesetzes über die größere Selbstverantwortung der Betriebe auf der Tagesordnung stand und der neue Chef der Plankommission Madei den Zustandsbericht über die Wirtschaft abgab. Danach war im Mai die Industrieproduktion um 18 Prozent niedriger als im gleichen Monat des Vorjahres. Madei sagte, wenn nicht mehr gearbeitet werde und »wenn nicht sofort, noch heute, mit der Reform begonnen wird, kann uns nichts vor der Katastrophe, vor einem totalen Zusammenbruch retten«.

Der Außenstehende wundert sich, daß unter diesen ja nicht erst gestern entdeckten Umständen die Reformen während der letzten zehn Monate nicht energischer angepackt worden sind. Aber man braucht sich ja nur an die dramatischen Diskussionen zu erinnern, die vielen Befürchtungen und Ängste, es könnte noch schlimmer werden, als Ludwig Erhard plante, das dirigistische System zu lockern. Und in Polen, das eine Generation lang von Bürokraten regiert wurde, ist der Widerstand dieser Bürokraten, sich selbst abzuschaffen, natürlich riesig.

Immerhin ist am 1. Juli das Gesetz über die Verselbständigung des Handwerks und der Privatgeschäfte in Kraft getreten. Danach dürfen Klempner, Tischler, Fleischer, Bäcker, Schuster, Schneider fast uneingeschränkte Initiative entfalten. Auch wurden gleichzeitig »zusätzliche Maßnahmen zur Ankurbelung der landwirtschaftlichen Produktion« beschlossen – das Einkommen der Bauern erhöht sich um rund 30 Prozent, wie mir der Landwirtschaftsminister sagte.

Einen wirklichen Markstein in der Entwicklung stellt das Gesetz über die Verselbständigung der Unternehmen dar. Dies wurde mir in Danzig besonders deutlich. Ich besuchte dort den Direktor der Lenin-Werft, die wir in den Tagen des Streiks der *Solidarität* allabendlich im Fernsehen gesehen haben. Direktor Gniech ist ein imponierender Mann, der übrigens fließend Deutsch spricht, weil er als Student ein Jahr auf der Deutschen Werft in Hamburg gearbeitet hat. Daß er nach dem langen Streik, der ganz Polen verändert hat, Direktor geblieben ist, beweist am besten seine Qualität.

Mit großer Genugtuung berichtet er, daß die Produktion auf der Werft – der größten in Europa: 16 000 Arbeiter, 20 Schiffe im Jahr – in den ersten sechs Monaten von 1981 im Vergleich zum ersten Halbjahr 1980 um zehn Prozent gestiegen ist. Die Arbeiter seien stolz auf ihre Leistung, und jetzt, da sie mehr Selbständigkeit haben, anders motiviert als früher. Die Produktion geht zu gleichen Teilen nach Ost und West.

»Wieviel Zulieferung aus dem Westen brauchen Sie denn?« – »Rund 20 Prozent.« – »Und welche Kapazitätsausnutzung haben Sie?« – »100 Prozent.«

Ich staune, denn allenthalben heißt es, nur 50 bis 60 Prozent Ausnutzung seien möglich, weil die Devisen fehlen, um oft nur ein winziges Teil aus dem Ausland zu beschaffen. Der Direktor lächelt verschmitzt: »Ja, man muß sich zu helfen wissen.«

Ich besuchte bei der *Solidarität* einen der nach Walesa wichtigsten Männer, den früheren Abgeordneten Mazowiecki. Er sah unglaublich elend und abgespannt aus. »Wir sind alle sehr müde«, sagte er beiläufig. Und später, beim Abschied: »Wissen Sie, wenn ich nicht Pakete bekommen hätte, würde ich diese Zeit wohl nicht überstanden haben.« Man schämt sich wirklich: Solche Zustände ein paar hundert Kilometer von unserem Überfluß entfernt. Die monatelange Anspannung, nächtelange Diskussionen, die Sorge, was wird, hat viele Leute zermürbt; dazu das tagtäglich stundenlange Anstehen.

Die wirtschaftliche Lage Polens schien mir immer viel gefährlicher als die politische, und das fand ich jetzt wiederum bestätigt. Man kann sich überhaupt nicht vorstellen, wie die Grundlage von allem, das Preissystem, das sich in einem chaotischen Zustand befindet, zurechtgerüttelt werden kann. Eine Kommission und ungezählte Gruppen ökonomischer Experten zerbrechen sich seit Monaten den Kopf darüber.

Es gibt Preisverzerrungen, die einfach absurd sind. Ein ordentlicher Professor verdient 9000 Złoty im Monat (offizieller Umrechnungskurs 1 DM = 14 Zł). Mein Zimmer im Hotel »Victoria« kostet pro Nacht 3060 Zł. Da kann man noch sagen: »Die Fremden sollen ruhig blechen.« Aber gar keinen Sinn macht es, daß ein Kilogramm Gries fünf Złoty, ein Kilo Zucker zehn Złoty und ein Brief ins Ausland acht Złoty kosten. Für 1,5 Złoty, also zehn Pfennig, fährt man seit Jahren mit dem Bus quer durch ganz Warschau, obgleich das Benzin mittlerweile zehnmal so teuer geworden ist.

Die Polen sind geduldig, und wenn die Voraussetzungen dafür gegeben sind, auch sehr tüchtig – der Wiederaufbau von

Warschau und Danzig ist Zeugnis dafür. Das Prokrustesbett des marxistischen Dogmas hat sie und ihre Wirtschaft in grotesker Weise verstümmelt. Vielleicht aber bietet dieser totale Zusammenbruch bessere Aussichten auf Rettung als die bisherigen halben Katastrophen, denn diesmal treten alle ideologischen Bedenken im Bereich der Wirtschaft zurück.

10. Juli 1981

Vonnöten: Rasche Hilfe

Typisch für Polen war während der letzten Jahrzehnte die Dualität von Staat und Kirche, die miteinander rivalisierten, oft gegeneinander operierten, manchmal miteinander kollaborierten. Jetzt scheint sich eine andere Konstellation in den Vordergrund zu schieben: das Militär und die Gewerkschaft *Solidarität.*

Ministerpräsident General Jaruzelski hat letzte Woche zwei Minister aus seinem Kabinett entlassen und sie durch zwei Generäle ersetzt. Wenn man den neuernannten Chef der Fluggesellschaft Lot dazurechnet, befinden sich mittlerweile fünf Generäle in Schlüsselpositionen. Der Militärrat des Verteidigungsministeriums, zu dem die wichtigsten Kommandeure gehören, hat angesichts der immer explosiver werdenden inneren Situation die notwendigen Maßnahmen beraten, »um die Verteidigungsbereitschaft sicherzustellen«. Niemand denkt an eine Militärdiktatur, am allerwenigsten Ministerpräsident Jaruzelski, der kein »starker Mann« ist – aber da die Partei weitgehend diskreditiert ist, wurde das Militär automatisch in die führende Rolle gedrängt und ist nun ebenso ratlos wie die zivile Führung.

Auch die *Solidarität* ist in einer schwierigen Situation. Sie hat den Arbeitern erstaunlich weitgehende Rechte erkämpft, aber ausreichende Versorgung kann sie ihnen nicht garantieren. Lech Walesa sitzt fest im Sattel – er wurde vor kurzem mit großer Mehrheit als Boß der Gewerkschaft in der Region Danzig gewählt, und niemand bezweifelt, daß er im September landesweit als oberster Chef gewählt werden wird. Aber es gibt radikale Gruppen, denen die Geduld gerissen ist und die weit größere Härte fordern. Ihre Vorwürfe: Warum gibt die Führung der *Solidarität* jedesmal nach und sagt in letzter Minute die Streiks ab? Warum zwingt sie die Regierung nicht, für eine bessere Versorgung aufzukommen?

Die Antwort: Weil es im Inland nicht mehr Lebensmittel gibt und für den Import keine Devisen zur Verfügung stehen. Auch die Hoffnung auf die neue Ernte könnte trügen, denn mittlerweile sind die Viehbestände um 13 Prozent zurückgegangen. Im Juli fehlten 8000 Tonnen Fleisch. Darum sind die Rationen ab 1. August von 3,7 Kilo pro Kopf und Monat auf 3 Kilo gekürzt worden. In solcher Lage können Streiks nichts bewirken. Der einzige Hebel, den die *Solidarität* noch hat, ist die Weigerung, den Preiserhöhungen, die auch sie für notwendig hält, zuzustimmen, falls das Reformprogramm einer umfassenden Dezentralisierung nicht in Angriff genommen wird.

Die Situation ist hochexplosiv. Die Schlangen vor den Läden sind länger geworden, die Rationen kleiner, die Preise sollen bis zu 400 Prozent steigen, und ein Ende dieser Entwicklung ist nicht abzusehen. Im Gegenteil, es läßt sich leicht errechnen, daß diese Eskalation während der nächsten zwei bis drei Monate weitergeht: Demonstrationen in allen großen Städten, Protestaktionen, ein Hungermarsch von 100 000 Frauen in Lodz.

Nicht nur die Polen, auch alle anderen sind daran interessiert, daß es zu keiner Explosion kommt. Die Sowjetunion hat dem Land seit dem Ausbruch der Unruhen vor einem Jahr Kredite und Waren in Höhe von 11 Milliarden Mark zur Verfügung gestellt; mit der DDR hat Polen die Lieferung von 10 000

Tonnen Fleisch vereinbart; Frankreich ist bereit, 11 000 Tonnen Fleisch sowie Zucker und Halbfertigprodukte zu liefern; in Bonn wird über die Gewährung von Finanzierungshilfen nachgedacht.

Man sollte erwägen, für die polnischen Bergarbeiter in Vorleistung auf später zu liefernde Kohle jetzt sofort Fleisch aus EG-Beständen nach Kattowitz zu schicken. Eine Steigerung der wegen der unzureichenden Ernährung der Bergleute zurückgegangenen Kohleförderung ist die einzige Möglichkeit, den Teufelskreis zu durchbrechen, in den Polens Wirtschaft geraten ist.

Es gibt 225 000 unter Tage arbeitende Polen. Um ihnen während drei Monaten eine Ration von 5 Kilo Fleisch pro Kopf und Monat zur Verfügung zu stellen, würden 3500 Tonnen Fleisch gebraucht. Zu deren Beförderung wären 180 Lkws mit Kühleinrichtungen erforderlich. Laut Auskunft einer Transportfirma stehen freie Kapazitäten zur Zeit zur Verfügung. Der Transport von den Kühlhäusern nach Kattowitz – und das ist das Wichtigste, weil das polnische Transportsystem zusammengebrochen ist – würde pro Lkw etwa 3000 DM kosten. An Barmitteln würden also nicht mehr als 450 000 DM benötigt. Bei der großen Hilfsbereitschaft, die die polnischen Sorgen in der Bundesrepublik erwecken, wäre dieser Betrag unschwer aufzubringen. Die Hauptsache ist, daß keine Zeit verloren wird.

7. August 1981

6
Kriegsrecht
(1981–83)

»Zwar ist der Traum von Liberalität und Selbstbestimmung erst einmal ausgeträumt, aber zehn
Millionen organisierter, freiheitsbewußter Menschen
lassen sich nicht für alle Zeiten mundtot machen –
jedenfalls nicht, wenn jetzt das befürchtete Blutvergießen verhindert werden kann.«

Tränen um Polen

Wieviele Tränen mögen in Polen geflossen sein, als Ministerpräsident Jaruzelski am Ende seiner Ansprache, die das jähe Ende aller Hoffnungen zu bedeuten scheint, sagte: »Vor dem ganzen polnischen Volk und der ganzen Welt möchte ich jene unsterblichen Worte wiederholen: ›Noch ist Polen nicht verloren‹...« Dieses Lied, das nach den polnischen Teilungen zum Fanal der Freiheit in Europa wurde, hat die tragische Geschichte des polnischen Volkes seit dem 18. Jahrhundert begleitet. Auch 1831, beim Novemberaufstand, der Tausende von polnischen Flüchtlingen über die Grenze trieb, wurde »Noch ist Polen nicht verloren« gesungen. Den Flüchtlingen schlug damals in Deutschland eine Welle der Sympathie entgegen. In den Dörfern und Städten, durch die sie zogen, fanden überall Demonstrationen der Freundschaft und Solidarität statt.

Als General Jaruzelski am vergangenen Sonntag den Ausnahmezustand in Polen ausrief, war es fast auf den Tag genau ein Jahr her, seit die Arbeiter der Lenin-Werft in Danzig jene alles andere überragenden drei Kreuze errichtet hatten. Ob dieses Denkmal, das die Erinnerung an die 49 dort im Jahr 1970 brutal zusammengeschossenen Arbeiter wachhalten soll, das einzige sein wird, was von all den schwer erkämpften Errungenschaften der letzten fünfzehn Monate bleiben wird? Nur deshalb bleiben wird, weil es nicht wie alles andere mit einem Federstrich beseitigt werden kann?

Nein und abermals nein? Zwar ist der Traum von Liberalität und Selbstbestimmung erst einmal ausgeträumt, aber zehn Millionen organisierter, freiheitsbewußter Menschen lassen sich nicht für alle Zeiten mundtot machen – jedenfalls nicht, wenn jetzt das befürchtete Blutvergießen verhindert werden kann.

Das, was im Moment wie ein vernichtender Schlag wirkt, ist vielleicht die Rettung für jene Errungenschaften, die gerade noch als Konzession an die polnische Eigenart im Warschauer Pakt zu verkraften sind. Jaruzelski erklärt: »Alle bedeutenden Reformen werden unter den Bedingungen von Ordnung, sachlicher Diskussion und Disziplin weitergeführt.« Und die Kirche, die von den Ausnahmebestimmungen ausgenommen ist, wird das Ihre dazu tun – freilich muß sie achtgeben, daß sie nicht zum Instrument der Militärregierung wird. Doch dagegen bietet der Primas die beste Gewähr.

Wenn die *Solidarität* am Sonnabend in Danzig wirklich den Beschluß gefaßt haben sollte, zu einem Referendum aufzurufen, um über die Errichtung einer alternativen, also nicht-kommunistischen Regierung abstimmen zu lassen, dann wären zweifellos alle Errungenschaften mitsamt dem ganzen Staatswesen in die Katastrophe getrieben worden.

Jetzt ist eine nationale Exekutive – der Militärrat – oberhalb der Partei errichtet worden: »Die bevollmächtigten Kommissare haben das Recht erhalten, die Tätigkeit der Organe, der staatlichen Verwaltung von den Ministerien bis zu den Gemeinden zu überwachen.«

Es wurde also eine regelrechte Militärverwaltung eingesetzt, und man wird annehmen müssen, daß diese sehr lange bleiben wird; denn angesichts der diskreditierten Partei kann nicht an die Zeit vor August 1980 angeknüpft werden und naturgemäß auch nicht an die Periode nach August 1980. Der Militärrat ist wohl unentbehrlich.

Doch selbst wenn es ihm gelingen sollte, ohne Blutvergießen, ohne größeren Aufstand, ohne Abwertung Walesas die nächsten Wochen zu überstehen, bleibt das eigentliche Problem in voller Größe erhalten: der wirtschaftliche Bankrott des Landes. Zwar hat der Handelsminister kürzlich zugegeben, daß die Regierung Lebensmittelreserven gehortet hat für den Zeitpunkt der Preiserhöhung, aber man kann sich nicht vorstellen, daß sie längere Zeit reichen werden.

So stellt sich denn die Frage, wie der Westen reagieren soll. Washington hat bisher erklärt, daß die zugesagten Getreidemengen unter den obwaltenden Umständen nicht freigegeben werden; das mag nur eine Sofort-Reaktion sein, die von neuem beweist, daß europäische Probleme von jenseits des Ozeans schwer zu begreifen sind. Wenn jedoch der CSU-Landesgruppenchef Zimmermann behauptet, was in Polen geschehen sei, sei im Endeffekt das gleiche, »als wenn die Sowjets selbst marschieren würden«, beweist dies nur seine, wie er das bei anderen nennt, »Geschichtsarmut«. Arme CSU.

Bonn ist entschlossen, seine Hilfe fortzusetzen, es sei denn, daß gravierende Verletzungen der Menschenrechte vorkommen. Und dies dürfte wohl auch die einzige vernünftige Richtschnur sein. *18. Dezember 1981*

Sechs Wochen Kriegszustand

Was für ein erbärmlicher Maßstab: Seit Wochen wird die Moral der Nationen und das Mitgefühl, das ihre Bürger für die Polen empfinden, an der jeweiligen Lautstärke der verbalen Proteste gemessen – als ob es auf die Phonstärke ankomme. Längst hat sich die eigentliche Ursache der Empörung in einem Gewirr nationaler Sonderinteressen oder parteipolitischer Zänkereien verloren, so daß das Wichtigste, die Frage, auf welche Weise man den leidgeplagten Menschen in Polen am ehesten nutzen kann, ganz in Vergessenheit geraten ist.

Ursprünglich lautete die Frage: Nützt man ihnen, indem man versucht, die Militärregierung in Warschau und den dahinterstehenden großen Bruder in Moskau durch Sanktionen unter Druck zu setzen, oder hält man diese beiden kommunistischen Zentren nicht für deckungsgleich und bemüht sich darum, sie nicht in eine Front zusammenzudrängen.

Die erste Auffassung entspricht einer sehr gesunden moralischen Reaktion: Wo Menschenrechte grob verletzt werden – noch dazu, wenn es um Freunde geht –, da muß man einspringen und alles tun, was irgend möglich ist. Die Alternative hierzu geht von der Erfahrung aus, daß man mit Druck und Sanktionen sehr wenig auszurichten vermag, und zugleich von der Überlegung, daß man durch Aufrechterhalten der Kontakte, also durch den Versuch, die gemeinsamen Interessen zu betonen und dadurch die Wiederherstellung eines normalen Zustandes zu beschleunigen, unter Umständen mehr erreichen kann als durch den Abbruch aller vorhandenen Beziehungen und erneute Selbstauslieferung an den Kalten Krieg.

Stehen wir hier also vor dem Dilemma Menschenrechte oder Pragmatismus? Max Weber hat dieses Dilemma durch die Typisierung *Gesinnungsethik* und *Verantwortungsethik* definiert: Der Gesinnungsethiker reagiert auf eine Verletzung der Menschenrechte so automatisch wie die Feuerwehr auf einen Notruf; der Verantwortungsethiker muß die Eignung der Mittel prüfen, das Prinzip der Verhältnismäßigkeit bedenken wie auch den voraussichtlichen Ausgang des Ganzen. Es läßt sich nicht behaupten, daß die eine Version moralischer ist als die andere, denn der Gesinnungsethiker, der stolz auf seine weiße Weste weist, richtet unter Umständen viel mehr Unheil an als der Verantwortungsethiker, der das Odium auf sich nimmt, nicht direkt, sondern indirekt moralisch zu handeln.

Man kann durchaus darüber streiten, wer in der Geschichte mehr Schaden angerichtet hat, die Idealisten oder die Pragmatisten. Im Bereich der Politik ist ein gewisser Pragmatismus jedenfalls unerläßlich, was nicht etwa heißt, daß man in diesem

Bereich ohne Moral auskommt. Politik ohne Moral führt stracks zu Opportunismus und Zynismus und bewirkt den Zerfall von Staat und Gesellschaft.

Im Falle Polens hat Präsident Reagan mit voller Lautstärke reagiert. Er ließ die Lebensmittelzufuhr sperren und Sanktionen auch gegen die Sowjetunion einführen. Er sagte, er habe sehr an sich halten müssen, um die Polen nicht zum Widerstand aufzurufen – ein Ausspruch, der viel menschliche Anteilnahme und wenig politisches Gespür zum Ausdruck bringt. Man fragt sich, was er wohl getan hätte, wenn die Polen sich tatsächlich aus dem Warschauer Vertrag gelöst hätten, was zwangsläufig zu einer Destabilisierung des Gleichgewichts der Welt geführt haben würde – eine Entwicklung, die gewiß die Russen nie zulassen würden. Das wäre wirklich der Krieg, und dann würde noch einmal wie 1944 beim Warschauer Aufstand die Stadt zerstört und die Elite des Volkes geopfert.

Die Franzosen, die ähnlich wie die Amerikaner reagieren, zählen voller Stolz, wie viele Bürger bei ihnen für Polen demonstrieren, und weisen mit vorwurfsvollem Unterton darauf hin, daß es in der Bundesrepublik, die doch 300 000 Leute auf die Beine brachte, als es um den Frieden ging, jetzt nur 10 000 waren. Die Deutschen haben es wirklich schwer: Erst wurden sie wegen ihrer Demonstrationen für den Frieden als Neutralisten verdächtigt, und jetzt, wo sie nicht mehr demonstrieren, sondern Pakete schicken, ist es auch wieder nicht recht.

In der Bundesrepublik finden in der Tat keine lautstarken Demonstrationen statt, aber in Schulen, Gemeinden, Privathäusern, überall werden Lebensmittel und Kleidungsstücke zusammengepackt: Jeden Tag reisen 10 000 Pakete nach Polen. Insgesamt sind bisher private Spenden in Höhe von etwa 100 Millionen Mark aufgebracht worden. Bundeskanzler Schmidt und Außenminister Genscher haben sich bislang mit Erfolg gegen Sanktionen gewehrt, weil sie in der Sache nichts bewirken, das politische Klima aber vergiften. Der ehemalige stellvertretende US-Außenminister George Ball verglich die Wirkung der Sanktionen gegen Rußland mit Reißnägeln, die man einem Elefanten in die Haut pikt.

Merkwürdigerweise lernt kein Präsident aus den Erfahrungen seiner Vorgänger, daß eine totale Abschottung nicht durchzuhalten ist. Nach dem sowjetischen Überfall auf Ungarn 1956 hatte Präsident Eisenhower alle Kontakte zu den Russen abgebrochen, mußte sie aber schon nach wenigen Monaten wieder aufnehmen. Präsident Johnson sagte 1968 nach den Ereignissen in Prag seine Reise nach Leniningrad zur Eröffnung der SALT-Gespräche ab, aber vor Ablauf eines Jahres wurden die Beziehungen wieder normalisiert und die Entspannungspolitik aus der Taufe gehoben. Präsident Carter reagierte auf die Invasion Afghanistans noch schärfer: Er brach sämtliche Beziehungen ab, ließ die Olympiade in Moskau boykottieren und stellte die Getreidelieferungen an die Sowjetunion ein. Präsident Reagan aber nahm die Getreidelieferungen wieder auf, weil der Lieferstopp seinen Farmern mehr Schaden zufügte als den Russen.

Offenbar finden also auch in Reagans Washington moralische Reaktionen an Nützlichkeitserwägungen ihre Grenze. Die Erregung über die Menschenrechtsverletzungen in Polen – die ohne Zweifel empörend sind – wäre nur dann wirklich überzeugend, wenn sie nach allen Himmelsrichtungen hin praktiziert würden. Aber von Verbrechen gegen die Menschlichkeit in Südafrika und Zentralamerika wird in Washington keine Notiz genommen, und auch von Südkorea sprach in diesem Zusammenhang lange Zeit niemand.

Helmut Schmidt steht wegen seiner Ablehnung der Sanktionen unter heftigem Beschuß, obgleich der Krakauer Kardinal Machalski zusammen mit Vizepremier Barcikowski soeben in einem Kommuniqué erklärt hat, daß Wirtschaftssanktionen die Überwindung der Krise erschweren und die Rückkehr zum

Prozeß der Erneuerung behindern. Bürger unseres Landes, die Polens tragische Geschichte kennen und sich noch vor zehn Jahren nicht hätten vorstellen können, daß Bonn die einzige Hauptstadt ist, in der die Polen Hilfe suchen, sind froh, daß unsere Regierung den Zorn über die Russen nicht an den Polen ausläßt. Die leiden ohnehin genug – physisch und auch seelisch: Es gibt gewiß keinen polnischen Offizier, der die tausendfältigen Morde des sowjetischen NKWD an seinen Kameraden in Katyn vergessen hätte.

Niemand weiß, wohin die Entwicklung geht. Das ist gerade das Gefährliche an der Situation, daß niemand ein Konzept hat. Als General Jaruzelski sich entschloß, der Entwicklung, die die *Solidarität* in Gang gebracht hatte, ein Ende zu setzen, hatte er nur für die schlagartige Einführung des Kriegsrechts und die Verhaftungen der führenden Intellektuellen und Gewerkschaftler einen präzisen Plan. Wann sie wieder freigelassen werden sollen, wie die Wirtschaft vor dem endgültigen Zusammenbruch gerettet werden kann, welche Institutionen reformierbar und welche Reformen zu konservieren sind – dies alles ist nicht festgelegt, offenbar nicht einmal bedacht worden.

Und als die *Solidarität* im August 1980 durch den Machtverfall der Partei in jenen Reformprozeß gedrängt wurde, der schließlich im Kriegszustand endete, hatte sie ebenfalls kein Konzept. Korruption, Bonzentum und Fehlplanung hatten zur Stagnation der Wirtschaft und zur Verknappung aller Waren geführt. Dagegen begannen die Arbeiter sich aufzulehnen. Ohne einen bestimmten Plan sprangen sie gewissermaßen von Stein zu Stein in dem immer rascher dahintreibenden Fluß. Als sie die *Solidarität* gegründet hatten, verlangten sie zuerst mehr Freiheit, bald auch mehr Verantwortung, dann an Stelle der handlungsunfähigen Partei die Kontrolle über Wirtschaft und Verwaltung und schließlich die Führung in der Gesellschaft. Das Vakuum, das der moralische Zusammenbruch der Partei hinterließ, und der zunehmende Erwartungsdruck der Gewerkschaftler beschleunigten das Tempo dieses Prozesses schließlich derart, daß niemand mehr zu steuern vermochte.

Die Situation ist heute sehr ähnlich – nur daß der Elan eines Neubeginns, der die *Solidarität* beflügelte und der vielleicht zu einem wirtschaftlichen Aufschwung hätte führen können, tiefer Erbitterung und Resignation gewichen ist. Waren bisher Kirche und Armee die einzigen Institutionen, die noch intakt waren, so muß man annehmen, daß inzwischen das Vertrauen in die Armee auch noch verschlissen worden ist. Was aber macht ein kommunistischer Staat, in dem nur noch die Kirche funktionsfähig ist?

Die Lage in Polen ist ungemein gefährlich. Alles ist möglich. Darum ist Behutsamkeit vonnöten, lautstarke Aufgeregtheit ist von Übel. *22. Januar 1982*

Sanktionen schaden nur

Der amerikanische Verteidigungsminister Caspar Weinberger dringt darauf, daß Polen offiziell für zahlungsunfähig erklärt wird. Er meinte neulich: »Polen wird von einem russischen General in polnischer Uniform regiert.« Und Arthur Burns, Amerikas Botschafter in Bonn, soll in einem vertraulichen Bericht an das State Department die Ansicht vertreten haben, daß das westliche Bankensystem eine Bankrotterklärung Polens »durchaus verkraften« könne. Was eine solche Erklärung für Polen bedeuten würde, interessiert offenbar niemanden. Washington hat eben gar keine Polen-Politik – es geht der Reagan-Regierung einzig und allein darum, die andere Supermacht zu treffen.

Was die Folgen einer Bankrotterklärung für Polen selbst

wären? Die offizielle Erklärung der Kreditunwürdigkeit würde bedeuten, daß niemand den Polen mehr etwas verkauft und mithin weder Rohstoff noch Ersatzteile eingeführt werden könnten. Viele polnische Fabriken müßten als Folge dieser Maßnahme schließen, Arbeitslosigkeit und Elend würden ins ungemessene wachsen. Auch wäre an einen Beitritt Polens zum *International Monetary Fund* – was allein Polens Finanzmisere auf die Dauer beheben könnte – nicht mehr zu denken.

Die zweite Folge: Alle im Ausland befindlichen Vermögenswerte könnten beschlagnahmt werden und je nach Rechtslage wohl auch ein Teil der Exportgüter. Mit Sicherheit würde dieses Schicksal polnische Schiffe und Flugzeuge treffen. Zwischen Polen und der westlichen Welt würde also ein undurchdringlicher Eiserner Vorhang niedergehen. Man kann sich nicht vorstellen, wie auf solche Weise der Raum der Freiheit für das polnische Volk erweitert werden könnte.

Die Philosophie hinter all diesen Sanktionen ist schlechterdings unverständlich. Deutsche Experten, die jetzt in Polen waren, berichten, daß das Embargo amerikanischen Futtergetreides dazu geführt hat, die kargen Fleischrationen noch kärglicher werden zu lassen. Das Ende des Abstiegs ist noch keineswegs erreicht: Die berühmte polnische Geflügelproduktion, die auch für den Export wichtig war, ist zum Untergang verdammt. Schließlich wird die Sperrung amerikanischer Hoheitsgewässer für die polnische Fischereiflotte den Fischkonsum in Polen für 1982 pro Kopf der Bevölkerung auf 40 Prozent des Jahres 1980 reduzieren.

Die Sanktionen werden damit begründet, daß nur durch diesen Druck das polnische Volk von der Militärregierung befreit werden wird. Was für eine absurde Idee: Als ob Leute, die schließlich außer Zorn nichts mehr im Leibe haben, umgänglicher würden. Je weniger die Bevölkerung zu essen bekommt und je mehr sie für das Wenige auch noch bezahlen muß, desto unruhiger wird sie und desto länger dauert die Militärregierung. Niemand konnte im Ernst annehmen, daß das Kriegsrecht vor den Preiserhöhungen aufgehoben werden würde, die zweimal während der letzten fünf Jahre zurückgenommen werden mußten, weil Revolution auszubrechen drohte, und die doch unerläßlich sind, um den Kaufkraftüberhang und die Preisverzerrungen zu beseitigen.

Was schließlich Jaruzelski anbetrifft, so sind die Sanktionen vermutlich das sicherste Mittel, ihn noch abhängiger von Moskau zu machen, als dies Mitgliedsstaaten des Warschauer Pakts ohnehin sind. Die Rechnung ist doch sehr einfach: Wenn er zu stark unter Druck gesetzt wird, wird er entweder härter oder er erscheint den Harten nicht hart genug und wird gestürzt — wovon niemand etwas hat, am allerwenigsten die Polen.

Noch einmal: Wer in aller Welt kann denn für möglich halten, daß den Polen mehr Freiheit eingeräumt würde, wenn alle Kontakte zum Westen abgebrochen werden? Das ist eine absurde Vorstellung. Und besonders ärgerlich ist es, daß denjenigen, die sich sträuben, diese unsinnige Politik mitzumachen, vorgeworfen wird, sie seien ohne Herz und ohne Moral.

Präsident Reagan hat in seiner *State of the Union* Rede im Hinblick auf Polen gesagt: »Wir müssen zeigen, daß es mit Unterdrückern keine normalen Beziehungen gibt.« Frage: Hat Washington nicht ganz normale, sogar freundschaftliche Beziehungen mit Argentinien, wo laut *New York Times* in den letzten fünf Jahren 15 000 Menschen »verschwanden«; mit Guatemala, wo in den letzten drei Jahren, wie *amnesty international* erklärt, »durch politische Mordkampagnen der Regierung« 5000 Zivilisten ums Leben kamen; mit El Salvador, wo die Massaker der Regierungstruppen denen der Guerrillos an Grausamkeit nicht nachstehen; mit Südafrika, wo seit 1963 jedes Jahr Hunderte von Menschen ohne Verfahren und ohne Urteil auf unbestimmte Zeit eingesperrt werden?

Offenbar werden Verletzungen der Menschenrechte nur im

Osten, nicht im Westen mit Sanktionen belegt. Unter solchen Umständen wäre es besser, nicht soviel von Moral zu reden.

12. Februar 1982

Im Schwebezustand

»Waren Sie seit dem Krieg schon einmal in Warschau?« fragte mich ein alter polnischer Bekannter, den ich zufällig in der Halle vom Hotel *Europeiski* traf. Ich sah ihn ganz erstaunt an: »Aber wir haben doch im vorigen Jahr hier in diesem Hotel zusammen zu Mittag gegessen?«

»Nein, ich meine natürlich seit dem 13. Dezember.«

»Ach so...« Ich begriff und habe mich inzwischen daran gewöhnt, »vor dem Krieg« heißt vor der Erklärung des Kriegszustandes. Im Krieg ist heute, und wann man »nach dem Krieg« sagen wird, das weiß kein Mensch. Man weiß nur, daß die amerikanischen Sanktionen diesen Zustand ganz gewiß nicht herbeizaubern werden, sondern geeignet sind, ihn um ein beträchtliches hinauszuzögern. »Wir waren noch nie so abhängig von Moskau, das heißt, noch nie so einseitig auf die Sowjetunion angewiesen, wie seit den amerikanischen Sanktionen«, meinte ein erfahrener, alter Journalist.

Gleich nach Ankunft in Warschau besuchte ich einen befreundeten früheren Abgeordneten, um erst einmal etwas über das Schicksal gemeinsamer Freunde und Bekannter zu erfahren. Sein Bericht: »Stefan Kisielewski war gerade in Paris und ist dort geblieben. Stanislaw K. ist offenbar untergetaucht. Mazowiecki (Chef der *Solidaritäts*-Zeitung) ist interniert; Bartoszewski (Sekretär des Schriftstellerverbandes) auch. Beide sind im Prominentenlager nicht weit vom ehemaligen Köslin.«

»Und was hört man von ihnen?«

Mit der typisch polnischen Freude an Satire und Ironie: »Mazowiecki, der im letzten Jahr am Ende seiner Kraft war, hat endlich Zeit zum Ausschlafen: Um 10 Uhr wird das Licht gelöscht, um 7 Uhr gibt's Frühstück. Und für Bartoszewski hat der Kultusminister sich ein Bein ausgerissen. Es heißt, er wollte ihn unbedingt freilassen, wäre sogar bereit, einen Helikopter zu schicken, um ihn abzuholen, aber Bartoszewski will seine Kollegen nicht im Stich lassen. Selbst ein Kulturminister, der General ist, kann eben nicht einfach Befehle erlassen.«

»Sind denn die Umstände, unter denen die dort leben, einigermaßen erträglich?«

»Sie dürfen lesen, schreiben und zweimal im Monat Besuch empfangen, sind zu dritt in einem Zimmer und fallen sich natürlich auf die Nerven. Die Priester, die sie besuchen, berichten, daß einige nachdenklich geworden sind, die meisten aber noch kompromißloser wurden, als sie ohehin schon waren, und vor allem noch zorniger.«

Die Intellektuellen, deren Kollegen interniert wurden, sind in ihrer Mehrzahl gegen das Regime, das, wie alle Militärregimes, ohne politisches Gespür ist und sich merkwürdig linkisch verhält. So werden, ohne daß dies irgendeinen Nutzen bringt, Tausende vergrätzt, indem man ihnen schriftliche Loyalitätsverpflichtungen abnötigt oder sie dem sogenannten Verifizierungsverfahren unterwirft, bei dem sie vor einer Kommission aussagen müssen, wie sie zur *Solidarität* standen, was sie heute denken und so fort.

Wojciech Zukrowski, ein Schriftsteller mittelmäßiger Qualität, der es vor einiger Zeit wagte, für die Militärregierung einzutreten, fand am Tag darauf vor seiner Haustür Stöße seiner Bücher, die empörte Leser dort abgelegt hatten. Der Schauspieler Janusz Kosinski, der in einer Fernsehshow für die Militärregierung Stellung genommen hatte, wurde Abend für Abend durch ununterbrochenen Beifall so irritiert, daß er sich schließlich gezwungen sah, seine Rolle aufzugeben. Und gerade in diesen Tagen, da das Kriegsrecht drei Monate alt wurde, fand in der Oper während der Aufführung von »Troubadour« eine Protestaktion statt. Der Hauptsänger, Leonard Mroz, der der Kollaboration beschuldigt wird, weil er im vorigen Monat bei einer Veranstaltung der polnisch-sowjetischen Freundschaftsgesellschaft aufgetreten ist, wurde von etwa 100 Anwesenden durch ständiges Klatschen, Lachen und Pfeifen derart gestört, daß der Dirigent schließlich für kurze Zeit unterbrechen mußte. Aber die Sicherheitskräfte wagten nicht, irgend jemanden festzunehmen.

Das Bild der Stadt hat sich seit dem vorigen Jahr enorm verändert. Daß an manchen Straßenkreuzungen drei Uniformierte stehen – manchmal Soldaten, manchmal Miliz –, die auch gelegentlich einen Ausweis sehen wollen, ist nicht einmal das, was am meisten in die Augen springt; die größte Veränderung ist das, was man nicht sieht oder nur noch ganz selten: die Schlangen vor den Lebensmittelläden. Inzwischen ist ein Couponsystem eingeführt worden, das so funktioniert wie halt Markensysteme zu allen Zeiten funktioniert haben. Hier und heute: 2½ kg Fleisch pro Person im Monat, für körperlich Arbeitende 4 kg; ferner für jeden ½ kg Butter und ½ kg Speck oder Öl . . . Man ist bei einem bestimmten Fleischer oder einem bestimmten Milchladen eingetragen, so daß das Anstehen entfällt.

Ein unbefangener Beobachter merkt zunächst kaum etwas vom »Krieg«: Weniger Autos, keine Fremden, das ist, so scheint es auf den ersten Blick, die einzige Veränderung. Ich bin mit einem Bündel Zeitungen eingereist: *Spiegel, stern,* Tageszeitungen, niemand nahm Anstoß daran. Eine polnische Bekannte erzählte mir folgende Geschichte: Ihr Freund kommt aus dem Ausland zurück. Der Zöllner veranlaßt ihn, seinen Koffer zu öffnen und wühlt darin herum. Dann deutet er auf den Aktenkoffer: »Den auch . . .« – »Ich kann ihn nicht aufmachen.« – »Sie sollen ihn öffnen!« – »Ich kann nicht.« Der Zöllner ärgerlich: »Warum nicht?« – »Weil *stern* und *Spiegel* drin sind, und ich will nicht, daß Sie sie mir wegnehmen.« Der Zöllner nickt und läßt ihn passieren. Es ist eben schwer, in Polen ein autoritäres System zu etablieren.

Ob es nicht doch eine große Verbesserung sei, daß man nicht mehr stundenlang anstehen muß, fragte ich Freunde, bei denen ich zu Gast war. Die mißmutige Bestätigung kam sehr zögernd und betraf, wie mir schien, nicht nur den Ärger über die inzwischen um ein Vielfaches erhöhten Preise. »Was ist denn im Alltag der Hauptunterschied zwischen vor dem Krieg und heute?« Antwort: »Die Einschränkung der Bürgerrechte, also daß ich ohne Grund angehalten werden kann, daß ich gewärtigen muß, auf Befehl meine Tasche zu öffnen, daß jeder, der sich über mich geärgert hat, einen anonymen Brief schreiben kann und ich daraufhin vernommen, vielleicht verhaftet werde, daß noch immer über 3000 Leute interniert sind, daß die Presse rigoros zensiert wird, und so weiter und so weiter.«

In der Presse ist die Veränderung in der Tat besonders augenfällig. Während der fünfzehn revolutionären Monate war sie praktisch so frei wie in irgendeinem westlichen Land. Daß dies in einem Mitgliedstaat des Warschauer Pakts auf die Dauer nicht so bleiben würde, war vielen klar. Aber nun ist im Gegensatz zu anderen Gebieten, auf denen fortschrittliche Gesetze beschlossen wurden, der Rückfall bei den Zeitungen wirklich total. Auch vor 1956 kann es nicht schlimmer gewesen sein.

Etwa 2000 Journalisten sind landesweit in dieser oder jener Weise gemaßregelt worden, wie ich vom Vorstand des soeben zwangsweise aufgelösten Journalistenverbandes erfuhr. Und von diesen 2000 sind 800 entlassen worden. Das bedeutet, daß diese je nach Dienstalter noch für ein bis drei Monate ihr Gehalt bekommen und dann ohne Aussicht, in ihrem Beruf wieder Beschäftigung finden zu können, auf der Straße sitzen.

Was die allabendlichen Fernsehnachrichten anbetrifft, kann es nicht wundernehmen, daß sie auf die pfiffigen, zur Persiflage neigenden Polen grotesk wirken: immerfort Manöver, eilfertig hin- und herflitzende Soldaten, Kanonen, Mündungsfeuer, Rauch, Militärmusik, Folklore, Sport. Eine diesbezügliche Bemerkung zu Major Gornicki, dem engsten Mitarbeiter des Generals, veranlaßt diesen zu einer hilflosen Gebärde zustimmender Verzweiflung. Chef des Fernsehens und der Medien ist nämlich das Politbüro-Mitglied Olczowski, bekannt als Harter.

Zwischen Jaruzelski und der Partei gibt es eben auch Spannungen und innerhalb der Partei ebenfalls – was zum Kummer der Führenden und zur Befriedigung der Geführten die Effizienz des Systems auf mannigfache, allerdings meist unberechenbare Weise beeinträchtigt. Doch ist dies – und das ist wichtig – wohl nur auf der oberen Führungsebene so. Weiter unten sind sich Militär und Partei ganz einig darin, daß jede Veränderung von Übel ist und Ordnung an erster Stelle zu stehen hat.

Die Arbeiter, die in manchen Betrieben zu 100 Prozent in der *Solidarität* waren, sind in Opposition und haben dies in einigen Städten auch zum Ausdruck gebracht, aber daß offenbar auch die ganze Jugend dem Militärregime mit Haß und Empörung gegenübersteht, nicht auf Gewalt und Terrorismus sinnend, aber mit Flugblättern, Karikaturen und vielfältigen Unmutsäußerungen, war in dem Maße nicht zu erwarten. Die Schüler sind darin oft noch engagierter als die Studenten. Diese Jugend, die bis zum Überdruß mit Filmen gefüttert wurde, die die Helden der Résistance gegen die Nazis verherrlichten, will nun in bezug auf Widerstand und Heldentum nicht zurückstehen. Überhaupt darf man nicht vergessen, daß der nationale Mythos der Polen Aufstand heißt.

Die Augen verklären sich, wenn sie vom November-Aufstand gegen die Russen (1831/32) oder vom Januar-Aufstand gegen die Russen (1863) sprechen. Kein Patriot im Geschichtsbuch, der sich nicht irgendwann einmal gegen den jeweiligen Zwingherrn erhoben hätte. Ein junges Mädchen behauptete, alle ihre Altersgenossen hätten resigniert und wollten auswandern, weil sie in Polen doch keine Zukunft hätten. Diese Aussage schien mir angesichts des jugendlichen Engagements höchst zweifelhaft, darum fragte ich: »Wenn Sie drei Dinge nennen sollten, die den meisten von euch wirklich wichtig sind, was wäre es?« Die Antwort, die mich vor Neid erblassen ließ: »Heimat, Freiheit, Ehre.«

Geschichten, die mir aus Lehrerkreisen berichtet wurden und die verbürgt sind, geben ein Bild von der Situation in den Schulen. Die erste Geschichte: In einem Gymnasium ist ein Primaner, der Kernsprüche der *Solidarität* auf dem Korridor an die Wand pinselte, geschnappt worden. Die Direktorin, offenbar ein begeistertes Mitglied der Parteikader, ruft in ihrer Erregung die Sicherheitspolizei an. Zwei Milizionäre kommen, untersuchen die Mappe des Jungen, finden Flugblätter, legen ihm daraufhin Handschellen an und nehmen ihn mit. In der Pause trommeln die Klassenkameraden ihre Mitschüler zusammen, versammeln sich unter der Gedenktafel für die Gefallenen und singen: »Noch ist Polen nicht verloren«. Am darauffolgenden Sonntag betet der Pfarrer in der Gemeindekirche für die Denunziantin, es möge ihr vergeben werden. Und Happy-End: Der Schüler kommt nach zwei Tagen zurück und ist seither der Held der Schule.

Zweite Geschichte: In einer Berufsschule spricht die Lehrerin im Unterricht, der sich mit dialektischem Materialismus befaßt, über die kraftspendende Rolle der Partei. Ein Schüler steht auf und sagt: »Das ist nun nachgerade langweilig.« Die Lehrerin wütend: »Wen das langweilt, der kann ja gehen.« Daraufhin erhebt sich die ganze Belegschaft, verläßt die Klasse, und die Lehrerin bleibt allein zurück.

Dritte Geschichte: Als ein Lehrer morgens seine Klasse betritt, bemerkt er, daß alle schwarze Schlipse angelegt haben.

Mißbilligend rümpft er die Nase: »Was soll der Unsinn?« Der Klassenälteste steht auf und sagt: »Aber Herr Professor, gestern ist doch Genosse Suslow gestorben . . .«

Zwei Dinge haben mich in Polen sehr überrascht. Ich wußte nicht, daß in den letzten neun Monaten so viele neue Gesetze beschlossen worden sind, die im Grunde alle auf den Reformvorstellungen der *Solidarität* beruhen. Auch hatte ich nicht erwartet, daß der Zorn der Bürger sich fast ausschließlich gegen das Regime richtet und nicht gegen dessen Personifizierung, den allmächtigen General. Alle schimpfen über das System, weil es die großen Hoffnungen vernichtet hat und die eben erst errungenen Freiheiten in Frage stellt, und weil es zu Denunziation und Machtmißbrauch verleitet (denn viele Leute, über die die *Solidarität* im vorigen Jahr triumphierte, rächen sich jetzt).

Gegen General Jaruzelski persönlich haben im allgemeinen selbst seine Feinde offenbar nichts vorzubringen. Er sei kein Ideologe, habe wahrscheinlich die Macht nicht gesucht, sondern nur das Schlimmste verhüten wollen, heißt es. Die Mehrzahl der Menschen, die ich gesprochen habe, halten die Version für zutreffend, daß nicht Moskau am 13. Dezember die Initiative ergriffen habe, sondern die Polen selbst. Übrigens sei während der ganzen Zeit der Druck der unmittelbaren Nachbarn stärker gewesen als der Moskaus.

Als im höchsten Gremium, dem siebzehnköpfigen Staatsrat, in der Nacht zum 13. Dezember über die Verhängung des Kriegszustandes abgestimmt wurde, gab es nur einen, der dagegen stimmte, Ryszard Reiff; der Vertreter der *Pax*, ein allenthalben sehr angesehener Professor enthielt sich der Stimme. Aber auch er hält Jaruzelski für einen integren Ehrenmann; er kenne Jaruzelski seit zwanzig Jahren, duze sich mit ihm und habe nie einen Fehl an ihm entdeckt, sagte er mir.

Wenn man dem General gegenübersitzt, wirkt er etwas gelöster, als man ihn vom Fernsehschirm her kennt. Er spricht mit leiser Stimme, tendiert zum Monologisieren und ist betont liebenswürdig. Er empfing mich nicht an seinem eigentlichen Sitz, dem überaus feierlichen Staatsrat, wo ich am Tag zuvor den Vizepremier und früheren Kollegen Rakowski besucht hatte, sondern im ZK, einer riesigen, düsteren Zwingburg.

Unvergeßlich der Vorraum zu seinem dortigen Arbeitszimmer: ein verhältnismäßig schmaler Schlauch mit ungezählten Haken an der Wand, wie sie in einem Klassenzimmer üblich sind. An einem Haken hing ein Militärmantel, darüber eine Mütze, darunter stand auf dem Fußboden eine Aktentasche. Alle anderen Haken in der langen Reihe waren leer: So könnte ein Film beginnen, der Einsamkeit und Verlorenheit darstellt, mußte ich denken.

Tatsächlich hat dieser schmächtige, scheue, undurchsichtige Mann theoretisch mehr Macht als irgendein anderer Politiker in dieser Welt. Er ist Chef des Militärrats, Erster Sekretär der Kommunistischen Partei, Premierminister und Verteidigungsminister. Aber praktisch? Gewiß, er hat die Armee hinter sich und auch den Segen Moskaus, wie sich unlängst bei seiner Reise zeigte. Aber was nützt alle Macht, wenn man das Volk gegen sich hat, noch dazu wenn es sich um Polen handelt?

Man sollte meinen, daß Jaruzelski nach dem fulminanten Empfang in Moskau, der Zustimmung und Unterstützung so sichtbar zum Ausdruck brachte, nun doch wohl schalten und walten könne, wie er will. Aber so ist es nicht. Moskau muß ja eine Rückfallposition haben für den Fall, daß Jaruzelski es nicht schafft. Darum werden die Harten weiter unterstützt, wenn auch weniger sichtbar. Und das macht wiederum die Sache für den General schwierig. Auch muß man sich vor Augen halten, daß natürlich ganz unabhängig von Moskau der Parteiapparat vom Politbüro bis in das letzte Provinznest mit Harten durchsetzt ist, die keinen Zoll von ihrer Macht preiszugeben gedenken, und die daher alle Veränderungen bekämpfen. Ein Mitglied des Kabinetts erzählte mir, daß nach dem 13. Dezember in diesem Gremium sofort Stimmen laut wurden, die meinten, nun sei doch der Moment gekommen, die Reformen, die sie zuvor beschlossen hatten – beispielsweise das Mitbestimmungsrecht der Arbeiter – schleunigst wieder abzuschaffen.

Ob nicht ein Militärregime vielleicht viel unabhängiger von Moskau ist als ein Parteiapparat, der doch mit dem Kapillarsystem des sozialistischen Zentralismus viel enger verbunden ist, fragte ich einen Beobachter, der gelegentlich in die Metropolen der Bruderstaaten reist. Er wies auf einen anderen, höchst interessanten Gesichtspunkt hin. Er meinte nämlich, daß an einigen dieser Orte das »polnische Modell« mit Sorge betrachtet würde.

»Weil Bonapartismus eine Todsünde im Angesicht des Marxismus-Leninismus ist?«

»Nein, im Gegenteil, weil sie Sorge vor Nachahmungen haben.«

Sorgen haben offenbar alle, die draußen und die drinnen. Und bei denen, die drinnen sind, auch wieder alle Seiten: Die Regierung weiß, sie kann nicht ohne Walesa, weil er zu einem Symbol geworden ist: aber mit ihm kann sie auch nicht, weil sich dann gleich wieder ein Zentrum neben der offiziellen Macht bilden würde. Das Militär ist besorgt wegen des passiven Widerstands der Zivilisten, die Zivilisten haben Angst, daß das Militär immer mehr Positionen übernimmt. Schon ist in mehreren Woiwodschaften die zivile Spitze durch einen General ersetzt worden, und soeben wurde ein General zum Präsidenten des Stadtrats von Warschau ernannt.

Und die Kirche? Die Kirche ist bestrebt, nicht direkt in die Politik einzugreifen, sondern sich als Vermittler zur Verfügung zu halten. Aber allein durch die sonntäglichen Predigten – auf dem Dorf wahrscheinlich noch mehr als in den Städten – nimmt sie Einfluß. Dabei muß sie bestrebt sein, den engen Kontakt zum Volk nicht zu verlieren, und darum ist sie stets geneigt, die

Forderungen der Arbeiter zu unterstützen. Ob sie dies zwangsläufig in Gegensatz zum Regime bringen wird oder ob sie den
komplizierten Balanceakt auch auf Dauer wird durchhalten können, ist schwer zu ermessen.

Leicht wird es nicht sein, zumal der Primas von den großen
Bischöfen des Landes zwar geachtet, aber wegen seiner Jugend
und vergleichsweisen Unerfahrenheit wohl nicht so respektiert
wird wie sein großer Vorgänger, bei dessen Erscheinung jedem
sogleich der Begriff Kirchenfürst in den Sinn kam. Und genau
dies erwartet man in Polen, wo nach der Tradition des Mittelal-
ters der Primas im Fall der plötzlichen Handlungsunfähigkeit
des Königs an die Stelle des Monarchen trat.

Wenn man sich die verzweifelte Wirtschaftslage vor Augen
führt und in Rechnung stellt, daß alle Autoritäten innere
Schwierigkeiten haben, sich heimlich untereinander bekämpfen
oder wie im Politbüro und Zentralkomitee mangels Homogeni-
tät in sich selbst zerstritten sind, wenn schließlich Macht und
Gesellschaft durch eine tiefe Kluft voneinander getrennt sind,
dann kann man Polen nur mit einem jener Kunstgebilde vergleichen, die man *Mobile* nennt. Das Ganze schwebt und ruht nicht.
Und es schwebt nur noch, weil so viele Kräfte und Gewichte
gegeneinander wirken. *26. März 1982*

Reformen allein öffnen
keinen Ausweg

An einem der ersten Tage meines Besuches hatte mir Vizepremier
Rakowski auf einem Zettel aufgemalt, wie er sich einen Kompromiß vorstellen könne: Branchengewerkschaften und darüber ein

Dach, auf dem Walesa einen Platz haben könnte. Aber als ich am letzten Tag bei General Jaruzelski war, charakterisierte dieser die *Solidarität* mit so harten Worten, daß man sich schwer vorstellen kann, wie da eine Einigung zustandekommen soll.

Es scheint eine Veränderung im Klima eingetreten zu sein: Drei Monate nach der Verkündigung des Kriegsrechts mag wohl die Geduld der Regierung erschöpft sein. Walesa, begreiflicherweise in den höheren Künsten der Politik unerfahren, kennt nicht den Wert von Kompromissen. Er weiß offenbar nicht, daß man – wenn die entscheidende Schlacht verloren ist – nicht mehr auf den alten Kriegszielen beharren kann, sondern in der Verhandlung zurückstecken und auf bessere Zeiten hoffen muß. Wahrscheinlich meint er, äußerste Festigkeit sei seine einzige Waffe. Vielleicht aber hält er Nachgeben auch für eine Erfindung des Teufels.

Der Minister für Gewerkschaftsfragen Ciosek, der seit zwei Jahren amtiert und einer der drei dienstältesten Minister ist – bei 40 Kabinettsministern ein Zeichen für die enorme Fluktuation der letzten Jahre – sagt, es finde zur Zeit eine lebhafte öffentliche Diskussion statt über das, was war und wie es jetzt weitergehen soll.

»Mit wem diskutieren Sie denn?«

»Nun, ich, eine Reihe meiner Mitarbeiter und auch andere Minister, gehen jeden zweiten Tag in verschiedene Betriebe im Lande, um zu diskutieren. Gestern war ich beispielsweise in Posen. Da waren 1000 Leute anwesend: Funktionäre, Mitglieder der *Solidarität* und andere. Im allgemeinen gibt es zwei einander widersprechende Meinungen, die einen sagen, wir wollen unsere *Solidarność* wiederhaben und garantieren, daß nichts passiert, die anderen wollen ganz neu anfangen und neue Gewerkschaften gründen.«

»Wie geht so eine Diskussion vor sich?«

»Ich beginne meist, indem ich sage, ihr kennt die Thesen des Komitees, was sagt ihr dazu? Dann werden Zettel mit Fragen oder

Kommentaren aufs Podium gereicht. Die Aussprache dauert gewöhnlich fünf Stunden, und am Schluß bin ich vollkommen erledigt.«

»Was steht auf diesen Zetteln?« Der Minister steht auf, geht an einen Schrank, kommt mit einer Handvoll Zettel wieder und beginnt vorzulesen:

»Warum dürfen die Funktionäre der *Solidaität* im Fernsehen angeklagt werden, ohne daß sie je die Möglichkeit bekommen, sich zu verteidigen?«

»Werden wir weiterhin die Nichtstuer bezahlen?«

»Wie will die Regierung regieren, wenn sie nicht das Vertrauen der Arbeiter hat?«

Auf meine Frage, ob denn die *Solidarität* als Organisation erhalten bleiben werde, reagiert der sonst fröhlich-joviale Minister ärgerlich: Die Frage könne er nicht mehr hören, dazu könne man nur sagen, es gebe weder eine Rückkehr zu den Zuständen vor 1980 noch zu dem Chaos, das bis zum Dezember 1981 herrschte. Wie die zukünftige Organisation aussehen werde, darüber diskutierten sie ja gerade mit den Arbeitern, und offenbar hat er auch mit Walesa darüber gesprochen.

Dann aber ist er sehr bereit, mir zu erklären, wie sich das Kriegsrecht auf die Betriebe auswirkt. Nur in den Bergwerken, in der Rüstungsindustrie und in einigen Unternehmen der Maschinenindustrie sind die Arbeiter militärverpflichtet und unterstehen mithin dem Kriegsrecht genau wie Soldaten. Dies hat in der für den Export wichtigsten Industrie, dem Kohlebergbau, dazu geführt, daß am Tag wieder wie früher 620 000 Tonnen Kohle gefördert werden. Da der Sonnabend neuerlich zum Arbeitstag (bei höherer Bezahlung) erklärt wurde, stehen im Monat 2,4 Millionen Tonnen für den Export zur Verfügung, was etwa 250 Millionen DM Devisen einbringt.

»Und wie wirkt sich das Kriegsrecht auf die Routine des Kabinetts aus?«

»Früher haben wir jede Woche einmal getagt, jetzt kommen wir nur alle zwei Wochen zusammen.« Und dann führt er aus, daß alle Minister, bis auf zwei, seit 1980 neu sind, es aber nach dem 13. Dezember im Kabinett keine Veränderung mehr gegeben hat. Die Runde der 40 Minister ist zu etwa gleicher Zahl auf zwei Gruppen aufgeteilt, das Wirtschaftskabinett, das von Minister Obodowski geführt wird und die politisch-soziale Gruppierung, der Vizepremier Rakowski vorsteht.

Wer da behauptet, es habe sich am 13. Dezember um einen Staatsstreich gehandelt, den weist General Jaruzelski, der Chef der Militärregierung darauf hin, daß sich ja an der Personenbesetzung nichts verändert hat: Staatsoberhaupt, Ministerpräsident, das ganze Kabinett, alle sind noch auf ihren Plätzen, und schließlich habe ja auch keine ausländische Regierung erwogen, ob sie die neue Regierung in Warschau anerkennen wolle oder nicht; denn es sei eben keine neue Regierung. Es trifft zu, daß das Establishment unverändert blieb und das Ganze nur ein anderes Vorzeichen bekam, aber mit dieser geringfügigen Veränderung ist schließlich der Frieden in den Kriegszustand überführt worden.

Groß sind die Veränderungen, die mit Hilfe neuer Gesetze und Reformen in Industrie, Landwirtschaft und den Betrieben selbst vorgenommen wurden. Dabei folgt man offenbar ziemlich ausnahmslos der Richtung, die die *Solidarität* eingeschlagen hatte. Gemeinsam war im Oktober 1980 eine Gruppe zusammengestellt worden, die die große Wirtschaftsreform vorbereiten sollte. Insgesamt waren 90 Leute beisammen: Wissenschaftler, Mitglieder der *Solidarität*, Journalisten und Planwirtschaftler. Im Mai 1981 war ein Konsens erreicht worden, der vom Sonderparteitag genehmigt und inzwischen vom *Sejm* verabschiedet worden ist; allerdings war die *Solidarität* vorher ausgeschert, um einen eigenen Entwurf zu machen.

Die wesentlichen Ziele dieser Reform sind: erstens die Selbständigkeit der Unternehmen, zweitens den Markt und seine Signale an die Stelle planwirtschaftlicher Direktiven zu setzen, drittens die Selbstverwaltung der Belegschaft in den staatlichen Betrieben einzuführen.

Zunächst allerdings wird es eine Übergangsphase geben, in der 14 Dringlichkeitsbereiche, sogenannte operative Programme, von der Marktsteuerung ausgenommen sind und einstweilen weiter zentral gelenkt werden. Aber, wie es heißt, immer mit dem Ziel vor Augen, sie so bald wie möglich aus der Planwirtschaft herauszunehmen: »Die Reform bleibt Priorität.«

Auf meine Frage, was man mit den Arbeitskräften zu tun gedenke, die in dem Moment entlassen werden, wo die Marktgesetze Rentabilität fordern, gibt es keine befriedigende Antwort; wenn man nicht vage Hoffnungen über »zurück aufs Land« und optimistische Mutmaßungen über die Jahrgänge minderer Zahl, die jetzt die Schule verlassen, als befriedigend ansieht. Ähnlich wird die Frage abgetan, wie man denn auf Signale des Marktes reagieren werde, wenn alle Lager und Regale leer sind. Aber man muß doch den Mut und die Entschlossenheit bewundern, mit der diese Umstellung in Angriff genommen wird.

Professor Sadowski, Stellvertreter des Bevollmächtigten für Fragen der Wirtschaftsreform, ein ganz ausgezeichneter Mann, sagt, früher habe es zwei voneinander unabhängige Hierarchien gegeben: die der Planwirtschaftsorganisation und die kommunale Behörde – horizontale Verbindungen zwischen den beiden existierten nicht. Jetzt solle dies anders werden. Zentrale Planung darf nur noch die großen, strategischen Linien angeben, aber nicht mehr die operative Politik führen: »Die Planwirtschaft hat das Chaos einer total ungeplanten Wirtschaft verursacht.« Es gehe heute darum, den unteren Behörden mehr Autonomie zu geben. Also: Dezentralisierung und Markt . . . Wie oft habe ich in den letzten 25 Jahren diesen Schlachtruf in den sozialistischen Ländern vernommen, und wie wenig ist daraus geworden! Es ist eben sehr schwierig, von einem Modell auf das andere umzusteigen.

Ganz neu hingegen ist das Gesetz über die Selbstverwaltung in den Betrieben, wir würden sagen über die Mitbestimmung, die ebenfalls unter dem Einfluß der *Solidarität* Gesetz geworden ist. Sie geht für unsere Begriffe beängstigend weit. Die Belegschaft wählt den Direktor, der allerdings dem Veto des Ministers unterliegt; sie stellt den Produktionsplan auf, entscheidet, ob exportiert wird und wo Rohstoffe gekauft werden. Man kann verstehen, daß, wie der Minister erzählt, Armand Hammer, der amerikanische Industriemillionär, als ihm dies berichtet wurde, nur stumm mit dem Finger an seine Stirn tippte.

Aber Hammer weiß wohl nicht, daß in Polen nichts ganz genauso ausgeführt wird, wie es beschlossen wurde. Alle westlichen Zeitungen haben sich beispielsweise über die neuen Bestimmungen, die die Universitäten betreffen, sehr erregt. Einer der Führer der verbotenen Studentenvereinigung aber erzählte mir, daß niemand sich daran hält und seine Professoren gesagt haben, sie dächten nicht daran, die Anwesenheit der Studenten zu kontrollieren. Auch schien es mir überraschend, daß alle unter den Auspizien der *Solidarität* durch Drittelparität gewählten Rektoren der polnischen Universitäten heute noch amtieren.

Doch zurück zu den Reformen: Sehr wichtig sind die für die Landwirtschaft beschlossenen neuen Gesetze, die zweifellos eine höhere Produktion sicherzustellen vermögen, weil endlich die Benachteiligung der Bauern gegenüber den Staatsbetrieben aufhört: Bisher bekamen die Bauern wesentlich weniger künstlichen Dünger und fast gar keine Maschinen; wahrscheinlich weil die Regierung hoffte, in dieser Zwangssituation würden die Privatbauern sich veranlaßt sehen, »freiwillig« Kolchosen zu bilden. Aber die Bauern dachten gar nicht daran, sondern haben in Beantwortung dieser Schikanen nur noch soviel produziert, wie sie für sich selber brauchten.

Heute sind die Bauern offenbar die einzigen in der polnischen Bevölkerung, die mit dem Regime zufrieden sind. Nicht nur weil sie weit höhere Preise als bisher für ihre Erzeugnisse bekommen, sondern auch »weil wieder Ordnung herrscht«. Die neue Regierung hat außerdem ihre heimliche Sorge ausgeräumt, indem sie den Bauern jetzt die Unantastbarkeit ihres Eigentums garantiert. Schließlich sollen die Nebenerwerbs-Landwirte, die sogenannten Arbeiterbauern, allmählich ihren Hof auf Kosten von staatlichem Reserveland vergrößern, um wieder zu Voll-Bauern zu werden.

Es ist schade: Die Polen haben so viele Erkenntnisse gewonnen, soviel gelernt, wenn sie jetzt das Kapital hätten, das die Regierung Gierek sinnlos verpulvert hat, dann wäre das Land in drei Jahren aus allen Sorgen heraus und Jaruzelski wahrscheinlich ein »Super-Kadar«.

Der Präsident des Bauernverbandes Malinowski, der stolz ist, daß seine Partei mit 90 Jahren die älteste Bauernpartei Europas ist, wurde von Jaruzelski nach Moskau mitgenommen, wohl um die Pluralität im polnischen Parlament zu unterstreichen: Die Bauernpartei hält 116 von 460 Sitzen. Große Sorgen bereiten ihm und auch dem Landwirtschaftsminister die amerikanischen Sanktionen. Die erst in den letzten zehn Jahren aufgebaute industrielle Geflügelproduktion bricht zusammen, weil die Amerikaner die zugesagten anderthalb Millionen Tonnen Mais gesperrt haben. Und ganz ratlos stehen beide der Tatsache gegenüber, daß selbst, wenn sie alles zusammenkratzen, was ihnen in Kanada, Frankreich und sonstwo zugesagt wurde, eben wegen der von Amerika blockierten 740 Millionen Dollar für Getreidekäufe noch eine Million Tonnen Brotgetreide bis zur neuen Ernte fehlt.

Viele jener Reformen stehen vorläufig erst auf dem Papier, aber die wichtigste von allen, die Preisreform, die die grotesken Preisverzerrungen beseitigt hat, ist bereits vollzogen worden.

Seit zwölf Jahren waren die Preise für Lebensmittel unverändert geblieben – jedesmal wenn eine Erhöhung annonciert wurde, drohte eine Revolution auszubrechen. Ohne Kriegsrecht wäre sie auch diesmal nicht durchzuführen gewesen.

Jetzt wurden am 1. Februar die Preise erhöht. Für die Lebensmittel, die es nur auf Marken gibt – Fleisch, Butter, Milch – wird eine Kompensation gezahlt, rund 1300 Złoty pro Person und Monat (Durchschnittslohn 8000 Złoty). Außerdem wurde am 1. Februar das 13. Monatsgehalt ausgezahlt, so daß die Preissteigerung – Fleisch von 60 Złoty je Kilogramm auf 360, Butter von 60 auf 300 – ohne allzuviel Aufhebens über die Bühne ging. Es ist aber zu befürchten, daß es in zwei bis drei Monaten, wenn jeder seine Kaufkraftreserven aufgebraucht hat, doch zu Unruhen kommen könnte; denn die Preise für Konsumgüter aller Art sind in schwindelnde Höhen geklettert.

Die Preiserhöhungen ermöglichen es der Regierung, die seit Jahren ständig steigenden Subventionen für Lebensmittel – 1981 waren es 360 Milliarden Złoty – entscheidend zu reduzieren, und auch das ist ein wichtiger Schritt hin zur Normalisierung. Denn jene subventionierten Preisverzerrungen hatten ja ganz unvorhergesehene, gravierende Auswirkungen. Laut Auskunft des Landwirtschaftsministers wurden in Polen 1938 nur 23 Kilogramm Fleisch pro Kopf und Jahr gegessen, 1978 dagegen waren es 70 Kilogramm. Diese Veränderung der Eßgewohnheiten ist, so scheint mir, allein auf die künstlich verbilligten Fleischpreise zurückzuführen.

Es ist kaum zu glauben, daß eine Regierung in wenigen Jahren eine solche Katastrophe hat anrichten können, wie es die von Gierek geführte zustande brachte: ständiger Rückgang der Arbeitsproduktivität und der Produktion; auf Wohnungen müssen Neuverheiratete jetzt bis zu zehn Jahre warten; hohe Defizite und gigantische Schulden. Daß die Schulden 1981 noch einmal um 16 Prozent auf 25 Milliarden Dollar stiegen, ist ausschließlich auf die Verzinsung der ausgelaufenen Schulden zurückzuführen, die, wie sich jetzt herausstellt, zu einem großen Teil nicht einmal investiv, sondern rein konsumptiv »angelegt« worden sind. Daß diese Lawine sich nun von Jahr zu Jahr vergrößert, ist durch keine Macht der Welt aufzuhalten. Wobei allerdings das Verhalten der westlichen Banken, die ebenso kopflos und ohne jede Kontrolle immer mehr Geld in dieses Land gepumpt haben, auch nicht zu verstehen ist. Und nun zu allem Unheil auch noch die Sanktionen. Sie führen zu weiterem Rückgang des Nationaleinkommens und der Industrieproduktion und damit zu weiterer Verringerung des Exports und also zu neuer Verschuldung.

Die Polen haben ihr Chaos selbst produziert. Hubert Gabrisch weist in einer ausgezeichneten Studie des HWWA, »Die wirtschaftliche Entwicklung osteuropäischer Länder zur Jahreswende 1981/82«, nach, daß das Land keineswegs von den Russen ausgebeutet worden ist, wie ein in den USA erschienener Artikel von Rajski, der von ZEIT und Spiegel übernommen worden war, behauptet hat. Es hieß dort, seit 1977 seien Polen durch den Handel mit der Sowjetunion aus währungstechnischen Gründen Verluste von jährlich sechs Milliarden Dollar erwachsen. Gabrisch weist nach, daß der gesamte Export Polens in die Sowjetunion erst 1979 die Summe von sechs Milliarden Dollar erreichte; und auch daß die Polen beim Import aus der Sowjetunion wegen des gleichen Verrechnungsmechanismus gewisse Vorteile genießen. Die 12,5 Millionen Tonnen Rohöl beispielsweise, die sie 1981 aus der Sowjetunion bezogen, sind ihnen mit der Hälfte des Weltmarktpreises angerechnet worden. Auch ist die Sowjetunion Polen mit großen Krediten und Warenleistungen zu Hilfe gekommen. Wenn die Wirtschaft Polens dieses Jahr überlebt, dann ist das nur der Sowjetunion und dem Schirm des Kriegsrechts zu danken. Was für ein Preis!

Ein alter Bekannter, ein Journalist, den ich seit 25 Jahren

kenne, faßte seine Biographie folgendermaßen zusammen: »Als
junger Mensch war ich im Krieg und wurde mehrfach verwundet; anschließend habe ich geholfen, Warschau zu verteidigen
und mußte zusehen, wie es zerstört wurde; dann habe ich, genau
wie alle anderen, 35 Jahre lang geschuftet, gewartet, gehofft –
schließlich schien es soweit: Während 15 Monaten wurden langsam alle Fenster und Türen geöffnet, eine Million Polen reisten
nach dem Westen, im *Sejm* wurden alle Probleme diskutiert,
Fernsehen und Zeitungen vermittelten alle Informationen, sogar
die Bücher der *Kultura* wurden in Warschau verkauft. Und jetzt,
nach 35 Jahren bin ich wieder da angekommen, wo ich angefangen habe. Nur – jetzt bin ich ein alter Mann.«

2. April 1982

Polen 1983: realistischer
und trauriger

Als ich am Morgen nach der Ankunft in Warschau aus dem
Hotelfenster sah, blickte ich auf den hohen Bretterzaun, der den
großen Friedensplatz eingrenzt, welcher zwei Jahre lang Schau-
platz so vieler patriotischer Emotionen und freiheitlicher Kund-
gebungen des polnischen Volkes gewesen ist. Dort hat Papst
Johannes Paul II. bei seinem ersten Besuch 1979 die Messe
gelesen, eine Stelle, die lange Zeit mit einem immer wieder er-
neuerten Blumenkranz markiert wurde.

Über die Errichtung des Zaunes war im Jahr 1982 viel
berichtet worden, aber ich wußte nicht, daß der Belag dieses
etwa 10 000 Quadratmeter großen Platzes entfernt worden ist, so
daß das Ganze jetzt wie eine riesige Baustelle wirkt. »Warum hat

man denn die schönen Steinplatten entfernt?«, fragte ich einen Bekannten. »Na, das ist doch klar«, war die Antwort, »wegen des Zaunes.« Ich blickte ihn fragend an. »Die Baustelle ist geschaffen worden, um den Zaun zu motivieren.«

Man kommt natürlich mit vielen Fragen nach Warschau. Meine erste galt der Wirkung des zweiten Papst-Besuches im vergangenen Juni: »Wer hat denn nun eigentlich am meisten davon profitiert – das Volk, die Kirche oder das Regime?«

Eine der Antworten lautete: »Natürlich die Kirche, denn da hat sich doch vor aller Welt offenbart, wo die Loyalitäten liegen. Es war ja fast wie ein Referendum, diese Millionen, die da zusammenströmten, wo immer der Papst erschien.«

Eine andere Stimme: »Selbstverständlich das Regime. Das erste sozialistische Land, das vom Oberhaupt der katholischen Kirche besucht wird – das verleiht dem Regime Legitimität; ein kommunistischer Staat, der zuläßt, daß deutlich wird, es gibt nicht nur eine einzige Autorität in Polen, sondern deren zwei, das stellt doch seine Unabhängigkeit unter Beweis.«

Dritte Version: »Ganz gewiß das Volk. Nach der politischen Enttäuschung war dieser Besuch eine große Ermutigung. Wenn Sie wollen, hat die ganze Gesellschaft davon profitiert. Es gab zwar keine Versöhnung der antagonistischen Kräfte, aber daß die Koexistenz so augenfällig praktiziert wurde, dient doch dem allgemeinen Benefiz.«

Ich kenne kein zweites Land, in dem es so schwer ist, etwas über die Situation auszusagen. Verallgemeinerungen sind in Polen noch falscher als anderwärts. Darum will ich hier zunächst die beiden extremen Standpunkte schildern, die ich angetroffen habe und zwischen denen die Meinungen der Bürger angesiedelt sind.

Zunächst die Harten, Orthodoxen – wie immer man sie nennen mag. Sie sagen: So, wie bei euch die Terroristen 1977 den Staat angeblich in Gefahr gebracht haben, so hat die *Solidarität* 1981 unser Land an den Rand des Abgrundes geführt. Ihre

Forderungen hatten am Schluß nichts mehr mit der Realität zu tun; sie entsprangen einem völlig utopischen und euphorischen Kraftbewußtsein: Immerfort Streiks im ganzen Land, also verringerte Produktion, zugleich aber massiv erpreßte Lohnerhöhungen. Am Schluß waren wir wirtschaftlich auf dem Niveau der fünfziger Jahre angekommen. Es gab nicht einmal mehr Streichhölzer oder Zahnpasta, es gab nur noch Schlangen vor den Läden.

Anderen Gesprächspartnern der gleichen Kategorie waren vor allem die außenpolitischen Herausforderungen auf die Nerven gegangen. So gab es 1981 über 70 Fälle von Verschandelungen und Schändigungen auf den Friedhöfen oder an Gedenkstätten für sowjetische Soldaten. Der große erste Landeskongreß der *Solidarität* in Danzig im September 1981 richtete eine Botschaft an die Werktätigen Osteuropas, worin diese aufgefordert wurden, es der *Solidarität* gleichzutun und der Staatsmacht den Gehorsam zu verweigern. In den folgenden Monaten wurden allenthalben antisozialistische Flugblätter verteilt, wurde zum Generalstreik aufgerufen. Auf dem Kongreß der *Solidarität* in Danzig am 11. und 12. Dezember 1981 beschlossen die Teilnehmer, einen Kommissar für die Volksbefragung über das System der Machtausübung zu berufen. Da hat dann die Regierung am 13. Dezember dem Treiben ein Ende gesetzt – wer weiß, was sonst noch alles passiert wäre, schließlich ist Polen ja das zweitwichtigste Mitglied des Warschauer Paktes. – Soweit die Harten.

Die zu jener Zeit Aufsässigen und heute Verbitterten sagen: Erst hat die Partei es fertiggebracht, mit einer falschen Industriepolitik und hoher Verschuldung das Land total zu ruinieren und dabei der Korruption der Funktionäre freien Lauf zu lassen. Dann kam am 13. Dezember das Kriegsrecht. Jaruzelski versprach, es werde »keine Rückkehr zu den fehlerhaften Methoden und Praktiken« geben, wie sie vor der *Solidarität* bestanden. Aber wir sind betrogen worden: Von den Verträgen, die wir im August 1980 in

Danzig mit der Regierung abgeschlossen haben, ist nichts geblieben. Noch immer sind dieselben Gesichter da. Mit der Freiheit der Presse, die wir erkämpft hatten, ist es vorbei: Die Zensur ist wieder genauso hart wie vorher, das Fernsehen so langweilig, daß kein Mensch es mehr anstellt, die Propaganda gegen Walesa mit dem gefälschten Tonband so primitiv, daß man über die Dummheit der Regierung nur lachen kann.

Wir hatten eine große Wirtschaftsreform vorgesehen, um endlich – 35 Jahre nach dem Krieg – zum ersten Mal wie jedes andere Volk die Früchte unserer Arbeit zu ernten. Verschiedene Gruppen kompetenter Wissenschaftler und Wirtschaftsleute saßen monatelang zusammen und entwarfen die Grundlagen dafür – und jetzt? Jetzt sind zwar einige neue Gesetze gemacht worden, aber in der Praxis merkt man nichts davon. Die Regierung macht wieder die alten Fehler. Und im intellektuellen Bereich ist es noch schlimmer: Alle einigermaßen selbständigen Organisationen – die Verbände der Schriftsteller, Journalisten, Theaterleute, Künstler – wurden aufgelöst und andere Institutionen an ihre Stelle gesetzt, beispielsweise ein neuer Schriftstellerverband, in den nur Leute eingetreten sind, die kein Mensch kennt. Soweit die Oppositionellen.

Ich fragte Ryszard Wojna, den Vorsitzenden des Außenpolitischen Komitees im Sejm, der selber Mitglied des Schriftstellerverbandes war, warum der Verband so lange nach allen anderen jetzt noch aufgelöst worden ist. Seine Erklärung: Der Chef der polnischen Abteilung bei Radio Free Europe, der auch Mitglied des Verbandes ist, habe mit seiner Propaganda gegen ein polnisches Gesetz verstoßen. Die Regierung verlangte, er müsse ausgeschlossen werden. Nach den Statuten des Verbandes geht dies nur bei Einstimmigkeit, die aber nicht zu erzielen war, weil sich viele Mitglieder im Ausland befinden. Vorschlag: Ausbürgerung. Dazu Jaruzelski: »Er ist ein Pole, man kann ihn nicht ausbürgern.« Ergebnis: Der Schriftstellerverband wurde aufgelöst.

Die zuvor zitierten Meinungen sind die radikalen Flügelpositionen. Dazwischen gibt es jede Menge von Schattierungen. Meine eigenen Eindrücke?

Die materiellen Verhältnisse sind wesentlich besser geworden, nur gelegentlich sieht man noch Schlagen, etwa vor Textilgeschäften. Fleisch, Mehl und Teigwaren sind rationiert, Butter und Eier frei, Obst und Gemüse in jeder Menge und zu billigen Preisen zu haben. Zwei gute Ernten nacheinander haben die Situation verbessert. Doch muß man befürchten, daß die knappen Fleischrationen wohl noch einmal gekürzt werden, weil während der vorangegangenen schlechten Ernten und infolge der amerikanischen Sanktionen sehr viel Vieh geschlachtet worden ist. Außerdem werden die Lebensmittelpreise zum 1. Januar 1984 abermals erhöht, vermutlich um drei bis vier Prozent.

Die Menschen sind realistischer und dementsprechend trauriger geworden. Sie sind frustriert, viele sind verbittert, manche haßerfüllt, alle ohne Vertrauen in die Regierung. Besonders skeptisch und resigniert seien die jungen Menschen, heißt es, weil sie über zehn Jahre auf eine Wohnung warten müssen und der Mangel an Perspektive, an Hoffnung auf Veränderung der politischen Situation sie besonders bedrückt.

Ich weiß nicht, ob das Wort Resignation den Seelenzustand richtig wiedergibt, denn zur Opposition reicht es immer noch. Auch staunt man, wie politisiert selbst Kinder sind. Freunde von mir haben einen neunjährigen Sohn, dessen ganze Klasse gespalten ist: in Schüler, die für Jaruzelski sind, und andere, die gegen Jaruzelski sind. Und bei dem fünfzehnjährigen Sohn eines Bekannten sah ich ein selbstgeschmiedetes Abzeichen aus Aluminium, im Durchmesser so groß wie eine Walnuß, auf das mit roter Farbe ein großes A gemalt war. Die ganze Klasse trage es, sagte er, und das A bedeute Anarchist.

Eines der großen Probleme für die Jaruzelski-Regierung auf

wirtschaftlichem Gebiet besteht darin, eine Entzerrung der Preise zu bewerkstelligen. Seit einem Jahrzehnt waren die Lebensmittelpreise konstant geblieben, weil jedesmal, wenn die Regierung eine Erhöhung ankündigte, eine Revolution auszubrechen drohte, woraufhin dann die Ankündigung zurückgezogen wurde. Die Regierung behalf sich stets damit, daß sie die Lebensmittel für den Verbraucher bezuschußte, so daß der Bauer für sein Getreide einen angemessen hohen Preis erhielt, der Konsument aber für das Brot so wenig zu zahlen hatte, daß die Bauern es häufig zurückkauften und als Hühnerfutter verwendeten. Bei der Milch war es nicht anders. Die Subventionen, die auf solche Weise Jahr um Jahr stiegen, beliefen sich schließlich auf viele Milliarden.

Jetzt soll der Preismechanismus wieder in sein Recht eingesetzt werden, und das ist ein hartes Geschäft. Der Minister für Preise antwortete auf die Frage, wieweit das Land dabei schon gekommen sei: »1981 erhielt der Verbraucher 150 Prozent des Preises aus staatlichen Zuschüssen, heute sind es nur noch 29 Prozent.« Und sein Kollege, der Landwirtschaftsminister, erklärt, das Ziel vollständigen Ausgleichs solle 1990 erreicht werden. Das heißt: 1990 soll der Markt voll funktionieren. Schon heute kann der Bauer frei verkaufen ohne Ablieferungssoll, nur einmal im Jahr werden die Preise festgesetzt.

Erschwert wird die Aufgabe dadurch, daß gleichzeitig die galoppierende Inflation gebremst werden mußte – was nur möglich war, indem die Lohnerhöhungen wesentlich geringer gehalten wurden als die Preissteigerungen. Auf diese schmerzhafte Weise ist es gelungen, die Inflation auf derzeit 23 Prozent zu senken. Sie soll 1984 auf 17 Prozent heruntergedrückt werden. Aber das bisherige Resultat ist mit einer Senkung des Lebensstandards um 25 Prozent erkämpft worden. Man darf sich also nicht wundern, wenn das Regime in weiten Teilen der Bevölkerung verhaßt ist. Man kann, im Gegenteil, nur staunen, daß ein

Volk, das eben erst eine politische Enttäuschung riesigen Ausmaßes hinter sich gebracht hat, solche Entbehrungen überhaupt erträgt. Wirklich zufrieden sind wohl nur die Bauern, die wesentlich höhere Preise bekommen und für die noch die *Solidarität* eine Altersrente durchgesetzt hat, die den Staat heute mit 30 Milliarden Złoty belastet.

Erstaunlich ist freilich auch, daß ungeachtet des niedrigen Lebensstandards während der letzten drei Jahre 750 000 neue Autos zugelassen worden sind. Dabei kostet der Fiat Polski 126 – das kleinste italienische Modell – neu 250 000 Złoty (oder wahlweise 1000 Dollar plus 100 000 Złoty), der Durchschnittsmonatsverdienst beträgt in Polen 14 000 Złoty. Ein vier Jahre alter Wagen, in dem Paulina, eine junge Dolmetscherin, mich herumfuhr, würde, so meinte sie, 300 000 Złoty erzielen, wenn sie ihn heute verkaufte, weil man auf einen neuen Wagen jahrelang warten muß. Einen Umrechnungskurs anzugeben, ist zwecklos, denn es gibt deren viele – für einen Ausländer beträgt er 35 Złoty für eine DM.

Es gibt also offensichtlich Leute, die viel Geld verdienen – Handwerker, freie Berufe und Händler. Abgeordnete, Journalisten, Professoren stehen sich schlechter als Bergarbeiter oder Stahlarbeiter, die es auf 30 000 bis 40 000 Złoty im Monat bringen, während das Gehalt eines Universitätsprofessors selten mehr als 25 000 Złoty beträgt.

Nach ungezählten Gesprächen in Ministerien, beim Episkopat, mit der obersten Führung, mit Professoren und verschiedensten Bürgern hat sich mir folgender Eindruck gebildet: Wenn es auch unendlich langsam vorangeht, weil es an allen Enden fehlt – keine Ersatzteile, mangelnde Rohstoffe, kein Kapital für Investitionen, die Importe seit drei Jahren um die Hälfte gekürzt, das Nationalprodukt daher in den letzten beiden Jahren um 20 Prozent gesunken –, so ist doch die Arbeitsproduktivität gestiegen und die Handelsbilanz mit dem Westen 1982 aktiv gewesen.

Zweifellos gibt es kein Zurück mehr in die Zeit vor 1980. Was also ist von der *Solidarität* geblieben?

1. Die Polen haben sich ans Protestieren gewöhnt und haben keine Angst mehr – auch die Regierung weiß dies.

2. Von der Partei spricht niemand mehr – nur von der Regierung; in der Provinz mag das anders sein.

3. Es gibt mehr kleine, private Unternehmungen.

4. Es gibt mehr Markt und weniger zentrale Planung.

5. Es wird versucht, auf allen Ebenen dem Bürger und seiner Meinung etwas mehr Raum zu geben.

Ist es denn überhaupt möglich, daß Polen einen eigenen Weg im Sozialismus geht? Auf diese Frage sind die Antworten an höchster Stelle optimistisch, sowohl die des früheren Außenministers Cyrek, der jetzt im Zentralkomitee Sekretär für Auslandsbeziehungen ist, wie auch die des stellvertretenden Ministerpräsidenten Rakowski. Schließlich erscheint selbst der General Jaruzelski zuversichtlich. Er wirkt viel gelöster als 1982.

Selbst wenn man seine Zweifel haben mag, muß man doch zugeben, daß in Polen tatsächlich Dinge möglich sind, von denen die Bruderländer noch nicht einmal träumen können. Da ist in erster Linie die Rolle der Kirche und dann jetzt das Gesetz über die erbliche Festschreibung des Privateigentums der Bauern. Außergewöhnlich ist auch die Tatsache, daß seit langem und wohl noch für lange Zeit ein General an der Spitze der Partei und der Regierung steht: ein Sakrileg nach dem anderen – wenn Wladimir Iljitsch Lenin das wüßte!

Fast 1000 Anlagen stehen seit zwei Jahren halb oder fast fertig da; sie kosten Geld, verrosten und können nicht die Produktion aufnehmen, weil die restlichen Zulieferungen fehlen. Andere stehen still, weil die Ersatzteile aus dem Westen mangels Devisen nicht beschafft werden können. Alle Bemühungen der Sowjetunion, den polnischen Bundesgenossen, der mit sämtlichen Fasern nach Europa strebt, stärker auf den Osten zu orientieren, waren fehlgeschlagen; erst Reagan gelang es, das Land in die Arme des großen Bruders zu nötigen.

Die Sowjets haben Polen während der beiden letzten Jahre ungewöhnlich tatkräftig unter die Arme gegriffen. Im Jahre 1981 erhielten sie 1,1 Milliarden Dollar, um Schulden im Westen abzahlen zu können – Polen steht in Moskau mittlerweile mit etwa 6 Milliarden Rubel in der Kreide. Die Sowjetunion lieferte außerdem Rohstoffe aller Art, die im Lohnveredelungsverfahren (20 Prozent behielten die Polen) zurückgezahlt worden sind.

Besonders tief aber ist die Führung über eine Bemerkung des amerikanischen Präsidenten gekränkt, der in der Zeit des Papstbesuches gesagt hat, Polen ähnele heute den Konzentrationslagern Dachau und Buchenwald. An der schmerzlichsten Stelle hat sie die Behauptung von Verteidigungsminister Weinberger getroffen, Jaruzelski sei »ein russischer General in polnischer Uniform«. Kein Wunder, daß Jaruzelski mit ironischer Genugtuung auf den Nato-Partner Türkei verwies, wo nach den Angaben der türkischen Regierung über 20 000 politische Gefangene einsitzen. In Polen, das wie ein Aussätziger behandelt wird, sind es 82.

Zur Zeit wird viel davon geredet, die Kirche sei wieder in Bedrängnis. Anlaß für diese Behauptung ist unter anderem, daß der Beichtvater von Walesa, Pater Jankowski, kürzlich zur Staatsanwaltschaft bestellt wurde; desgleichen der Warschauer Priester Popieluszko. Mir scheint dies eine unzutreffende Beurteilung: Die Kirche hat immer darauf geachtet, nicht Partei, sondern nur Vermittler zu sein, darum will auch sie keine offensichtlich politisierenden Pfarrer dulden. Und die Klagen über Klerikalismus auf dem Plenum des ZK vor zwei Wochen dienten vermutlich als Gegengewicht gegen den Zuwachs an Prestige, den die Kirche durch den Papstbesuch erfahren hat. Es gibt übrigens neuerdings eine ganze Reihe von Übertritten zur katholischen Kirche: Atheisten lassen sich taufen.

Mehr als ein Menschenleben lang währt nun schon der Konflikt zwischen Macht und Gesellschaft in Polen. Wahrscheinlich sind drei Viertel aller heute dort Lebenden in Opposition zu der ihnen fremd erscheinenden Herrschaftsform aufgewachsen. In den Jahren zuvor, während der Krieg und Hitlers brutale Schergen das Land verwüsteten, starben sechs Millionen Bürger. Und noch immer ist Polen nicht zur Ruhe gekommen: In den letzten zwei Jahren haben 125 000 Polen ihrer Heimat den Rücken gekehrt und leben irgendwo verstreut in der Welt zwischen Australien, Westeuropa und Kanada.

Im Westen ist so viel von Freiheit die Rede. Es wäre an der Zeit, die Politik des Boykotts aufzugeben und einem Volk, das sich mit soviel Phantasie bei sowenig Möglichkeit kleine Freiheiten zu verschaffen versucht, das Leben nicht noch schwerer zu machen. *28. Oktober 1983*

7
Die Demokratie
richtet sich ein
(1984/85)

»Heute ist in Polen die Regierung stärker als die
Partei. Und das heißt doch, daß Pragmatismus vor
Ideologie rangiert – ein einmaliger Tatbestand in
einem sozialistischen Land.«

Polen und die Leichtfertigkeit
der Bonner Ostpolitik

Schlimm, wie wenig wir von unseren östlichen Nachbarn wissen. Da fährt man ganz wohlgemut nach Polen und denkt, die Sache mit dem Revanchismus braucht man sicherlich nicht ganz ernst zu nehmen, denn es kann ja wohl nicht sein, daß die Deutschen, die 1982 und 1983 in einer Aufwallung von Mitgefühl bis zu 30 000 Pakete täglich ins Nachbarland schickten, im darauffolgenden Jahr finsterer, revanchistischer Pläne für fähig gehalten werden.

Kann ja sein, denkt man, daß der Regierung in Warschau das Geschwätz einiger Unionspolitiker über die Grenzen von 1937 und die »offene deutsche Frage« sehr gelegen kommt: Der plötzlich wiedererstandene Feind könnte ja zur Integration der gespaltenen Nation dienen, und überdies befindet die Regierung sich auf solche Weise endlich wieder einmal im Gleichschritt mit Moskau.

Denkt man – denken viele. Aber es ist nicht so. Es ist ganz anders. Gleichgültig, mit wem man spricht, ob im Zentralkomitee, im Ministerrat, in Ministerien, Instituten oder Redaktionen – alle sind tief betroffen: »Immer waren Grenze und Mauer zwischen den beiden Deutschlands physisch fast unüberwindbar und geistig durch Haß verdichtet. Nun aber ist mit einem Mal das Verhältnis ganz anders – da muß doch was dahinterstecken.« Oder es heißt: »Wir waren ebenso froh wie überrascht darüber, daß die neue Regierung in Bonn die Ostpolitik ganz offensichtlich weiterführen wollte, aber nun stellt sich heraus, daß das Ganze nur Taktik war.« Oder: »Ich war vor kurzem in der Bundesrepublik und fand das Klima total verändert.«

Da hilft dann auch die Erklärung nicht, daß die heutige Regierung, als sie noch in der Opposition war, ihren Wählern versprach, alles anders zu machen und daß darum das Fußvolk jetzt erst einmal einen Lernprozeß durchmachen müsse. »Das ist es ja gerade«, lautet die Entgegnung. »Es handelt sich doch gar nicht um das Fußvolk, es sind die Minister, es ist der Bundeskanzler selber. Gerade sie sind es, von denen die alarmierenden Äußerungen stammen.«

Und dann folgt eine lange Aufzählung, beginnend mit Minister Zimmermanns Bemerkungen über die Grenzen von 1937, die er im September vorigen Jahres plötzlich wieder aufs Tapet brachte, bis zu der mit besonderem Zorn registrierten Äußerung von Minister Mertes über angeblich 1,2 Millionen Deutsche in Polen. Wer auf diese absurde Millionenzahl gekommen ist, ist in der Tat unerfindlich. Und daß Alois Mertes bei dieser Gelegenheit den Begriff »deutsche Minderheit« verwandte, worunter man doch im allgemeinen zusammenhängende Volksgruppen versteht, hat nicht nur die Regierung in Schrecken versetzt. Da wirken historische Reminiszenzen ebenso mit wie die Tatsache, daß die UN für Minderheiten offenbar bestimmte Rechte vorsieht, beispielsweise den ständigen Besitz eines Passes und ungehinderte Besuchsmöglichkeiten.

Zwischen diesen beiden Horrorbotschaften wird erwähnt, daß in bayrischen Schulbüchern neuerdings die Oder-Neiße-Grenze wieder »gestrichelt« markiert wird; daß ein Antrag an die ECE-Kommission in Genf, ebenso zu verfahren, den Versuch darstelle, dieses Problem zu internationalisieren; daß auf einem Vertriebenentreffen ein Minister davon gesprochen habe, nach der eventuellen Erledigung der offenen deutschen Frage durch eine Wiedervereinigung wäre dann die »offene« Oder-Neiße-Grenze zu regeln; daß Touristen mit aufwendig milden Devisengaben Pastoren dazu bringen, eine Messe in deutscher Sprache zu lesen; und schließlich, als Krönung dieser sich auftürmenden Vorwürfe: die Teilnahme des Bundeskanzlers am »Tag der Heimat« – zum ersten Mal seit 18 Jahren.

Ein Volk, das während langer Perioden seiner Geschichte unter fremden Zwingherren, Besetzern und Machthabern gelitten hat oder leiden muß, hat gelernt, sich durch Zeichen und Symbole zu verständigen. Das Grab des Studenten Grzegorz Przemyk, der im vorigen Jahr nach einem Zusammenstoß mit der Polizei umkam, ist überhäuft mit Blumen. Viele Kerzen brennen dort, und an eine Tafel sind die briefmarkengroßen Wappen geheftet, die Schüler am Ärmel tragen. Jede Schule in Polen hat eine Nummer auf ihrem Wappen. Nun sollen sie Zeichen dafür sein, daß Schüler an diesem Grab waren, die aus Bialystok, Krakau und Lublin kamen, um dem Symbol des Freiheitswillens Reverenz zu bezeugen.

Für ein solches Volk ist der Gang Helmut Kohls zum »Tag der Heimat« und die Rede, die er dort gehalten hat, natürlich ein alarmierendes Zeichen. Aus der Bonner Entfernung mag die Bedeutung, die diesen einzelnen Vorgängen in Polen zugemessen wird, übertrieben erscheinen, aber dabei wird die Sensibilisierung der Bevölkerung durch ihre Geschichte vergessen. Keine Familie, die unbetroffen blieb vom Terror und Blutvergießen der Jahre von 1939 bis 1945: sechs Millionen Tote, darunter drei Millionen Juden – Verluste, die allein durch Hitler verursacht worden sind. Und nicht nur jene Jahre, die letzten zwei Jahrhunderte mit immer neuen Teilungen und Kriegen haben sich diesem geschichtsbewußten Volk tief in Herz und Hirn eingegraben.

Ein Gang über den Militär- und Prominentenfriedhof Powazki Wojskowe führt einem diese Geschichte deutlich vor Augen. In einem Birkenwald stehen reihenweise Kreuze – Marksteine polnischen Schicksals für: die Toten des Januar-Aufstandes von 1863 gegen die Russen, nach dessen Niederschlagung die Russifizierung begann; die Toten des polnisch-sowjetischen Krieges von 1920, der die Polen bis Kiew vordringen ließ, in dessen Verlauf die Rote Armee unter Tuchatschewski sie dann aber wieder bis an die Weichsel zurückwarf; die Toten des Zweiten Weltkrieges und schließlich die Toten des Warschauer Aufstands gegen die SS.

Wenn man das gesehen hat, versteht man, daß dieses Volk, das seit jeher zwischen zwei mächtigeren Nachbarn eingeklemmt war, ein besonderes Sensorium für Gefahren entwickelt hat. Auch die kleinste Klimaveränderung wird wahrgenommen. Und wie berechtigt die Feststellung diesmal zu sein scheint, macht dieser Tage der Leitartikel der *Frankfurter Allgemeinen Zeitung* deutlich, der darüber jammert, daß in der Innen- und Rechtspolitik der Bundesrepublik noch »keine Wende« eingetreten ist; daß »die Rechtsreformen aus der Zeit, da SPD und FDP regierten, unangetastet« blieben; daß »das Gelände, auf dem die sozial-liberale Ära fortdauert«, bedauerlicherweise zu ausgedehnt ist. Der Schreiber sollte sich beruhigen, auf dem Gebiet der Ostpolitik ist, so scheint es, die Wende komplett, der Kahlschlag total: Viel wird von ihr wohl nicht übrigbleiben.

Da nützt es auch nicht viel, daß jeder politisch interessierte Pole natürlich gelesen hat, was Genscher im Juli im Bundestag gesagt hat und was er im August in einem Artikel schrieb: »Die Bundesregierung steht ohne jede Einschränkung und ohne jeden Hintergedanken zu den Verträgen mit der Sowjetunion, der Volksrepublik Polen und der ČSSR und zum Grundlagenvertrag mit der DDR . . . Sie achtet die territoriale Integrität aller Staaten in Europa in ihren heutigen Grenzen. Sie hat keine Gebietsansprüche gegen irgend jemanden und wird solche auch in Zukunft nicht erheben.«

Ja, Genscher, der weiß Bescheid, heißt es. Aber gleich wird der Zweifel hinzugefügt: Kann der sich gegen die CDU/CSU auch wirklich durchsetzen?

Nun wäre es ungerecht, alle Schuld für die neu beginnende Eiszeit Bonn aufbürden zu wollen. Entscheidender ist, was in Moskau und Washington vorgeht, was dort gesagt und getan wird. Was Moskau betrifft, so wissen die Polen besser als viele bei uns, was sie von dem Regime zu halten haben. Aber das, was in Bonn gesagt wird, wird natürlich eingepaßt in den größeren westlichen Rahmen. Da aber kann einem in der Tat bange werden, wenn man die Reden Präsident Reagans noch einmal liest – von jener ersten, die alle Sowjets zu »Lügnern, Betrügern und Verbrechern« stempelte, bis zu jener kürzlich vor amerikanischen Polen gehaltenen Ansprache, in der er erklärte, er werde die *permanent subjection* – die andauernde Unterdrückung – Osteuropas nicht dulden.

Das Gefährliche an der Situation ist – und daran trifft Bonn ebensoviel Schuld wie Washington –, daß es kein Konzept für Osteuropa gibt. Darum schwanken beide Regierungen hin und her zwischen werbenden Dialogbeschwörungen und beängstigenden Erklärungen, die auf eine Revision der bestehenden Verhältnisse hinauslaufen.

Dabei kann es doch nur eine sinnvolle Politik für Osteuropa geben: Nicht zu verkünden, daß man die Vorherrschaft Moskaus abschaffen möchte – was ohnehin nicht möglich ist –, sondern daß man helfen will, sie erträglicher zu gestalten. Und das heißt, für Entspannung zu sorgen, also keine revisionistischen Sanktionen, keine Reden. Nur dann kann eine gewisse Liberalität einziehen.

Polen, eine Nation, bei der die Kirche ebenso viel zu sagen hat wie die Partei; ein Land, in dem den Bauern das Eigentum an Grund und Boden durch Gesetze garantiert wurde; eine Gesellschaft, in der der Erste Sekretär ein General ist – Lenins Schreckgespenst –, zeigt, bis zu welchem Grade es den Polen gelungen ist, in den starren Grenzen des Warschauer Paktes doch ihre nationale Besonderheit zu behaupten. Einem solchen Land in dieser Situation in den Rücken zu fallen, dazu gehört schon ein erstaunliches Maß an politischer Instinktlosigkeit.

14. September 1984

Pragmatismus vor Ideologie

Immer wieder habe ich allen Gesprächspartnern in Polen die Frage gestellt, ob die Lage heute besser sei als vor der *Solidarität* – mit anderen Worten, ob doch einiges von dem großen, hoffnungsvollen Aufschwung geblieben ist. Diese Frage wird fast immer mit Ja beantwortet, allerdings freudlos und ohne Befriedigung. Zu groß ist die Diskrepanz zwischen dem Erhofften und dem, was heute ist. Gewiß, die Verkrustung ist aufgebrochen worden, das Bewußtsein hat sich verändert, man ist selbstsicherer geworden, aber zugleich macht Resignation sich breit. Jeder ist mit seinen alltäglichen Sorgen beschäftigt, mit seiner Karriere, seinem Fortkommen. Der große Rausch ist verflogen, der gemeinsame Aufbruch zu neuen Ufern im Sande verebbt.

Vielleicht haben viele die größte Veränderung noch gar nicht wirklich erfaßt: die Tatsache, daß heute die Regierung stärker ist als die Partei. Und das heißt doch, daß Pragmatismus vor Ideologie rangiert – ein einmaliger Tatbestand in einem sozialistischen Land. Es ist das bleibende Verdienst der *Solidarität*, deutlich gemacht zu haben, daß die Partei in Polen am Ende war.

Freilich bleibt das große Problem, wie man den weiterbestehenden Herrschaftsanspruch der Partei mit dem Wunsch der Gesellschaft nach Demokratisierung auf einen Nenner bringen kann. Pluralismus wird nicht möglich sein. Allerdings stellt der starke Einfluß, den die Kirche ausübt, ein gewisses Element des Pluralismus dar. Zur Zeit sind, wie der Kirchenminister mir sagte, über tausend Kirchen und Kapellen im Bau – bei einem vorhandenen Bestand von 14 500. An der Führungsspitze denkt man offensichtlich auch daran, in Zukunft irgendeine Form von Kontrolle der Exekutive einzuführen, um dem Wunsch nach Pluralismus Rechnung zu tragen. Aber die skeptisch gewordenen Bürger meinen, das werde wohl reine Augenwischerei sein.

Zuzugeben ist, daß es der Führung mit Dezentralisierung und mehr Markt an Stelle zentraler Planwirtschaft wirklich ernst ist. Aber die Frage bleibt: Wird sie die Umstrukturierung ausgerechnet in einem Moment tiefer wirtschaftlicher Baisse durchhalten können?

Immer von neuem wird deutlich, wie fast ausweglos die Situation ist, wenn man ohne Kapital eine zerrüttete Wirtschaft in Schwung bringen will. Ersatzteile und Rohstoffe können nicht in ausreichendem Umfang eingeführt werden, weil es an Devisen fehlt; die Arbeiter können durch mehr Konsum nicht zu höherer Leistung angestachelt werden, weil alles, was irgend exportfähig ist, ausgeführt werden muß, um die Schuldzinsen bezahlen zu können; der Entschluß, mehr Marktwirtschaft einzuführen, wird dadurch erschwert, daß man die unrentablen Betriebe nicht pleite gehen lassen kann, wenn deren Produktion – die ja durch Einfuhr nicht ersetzt werden kann – dringend benötigt wird.

Nach vielen Bedenken hat die Regierung über fünfhundert Betriebe von Auslandspolen zugelassen, die nach kapitalistischen Gesichtspunkten wirtschaften. Es sind meist Handwerksbetriebe und Reparaturwerkstätten; auch manche Ärzte haben mittlerweile eine Privatpraxis aufgemacht. Die Preise haben sich gewaschen. Aber da die Bedienung prompt ist und das Material erstklassig, werden sie gezahlt. Ein Journalist erzählte mir, seine Frau habe sich bei einem solchen Zahnarzt eine Plombe für 2000 Złoty machen lassen. Das entspricht etwa dem zehnten Teil dessen, was ein Professor monatlich verdient (20 000 Złoty).

Die Regierung hat verständliche Bedenken, solche Reichtumsinseln in einem Meer von grauem Einerlei entstehen zu lassen. Aber wenn sie mit ihren Zusagen ernst machen will, bleibt ihr nichts anderes übrig. Daß es nicht nur einzelne verlorene Inseln sind, wurde mir bei einem Gang über den Obst- und Gemüsemarkt deutlich. Da gibt es alle Arten von Südfrüchten, säuberlich zu Bergen aufgetürmt: Ein Kilo Bananen kostet

2000 Złoty, ein Kilo Mandarinen 2200 Złoty. Und wenn man hört, daß im vergangenen Jahr 800 000 neue Autos zugelassen wurden, zweifelt man nicht daran, daß es in Polen neben viel Armut auch einen gewissen Wohlstand gibt.

Ein alter Herr, der bisher Dolmetscher war und jetzt Rentner ist, antwortete auf meine Frage, wie er denn bei den diesjährigen Preisen zurechtkomme: »Für uns alte Leute geht es ganz gut, wir verfügen ja schließlich über den Grundbedarf an Möbeln, Haushaltsgerät, Textilien. Aber für die Jungen ist es oft sehr schwer. Außerdem«, und dabei wies er auf seine Schuhe, »die stammen von meiner Tochter, die in Italien verheiratet ist. Die Jacke auch. Und den Schlips hat mir meine andere Tochter geschickt, sie arbeitet in Wien.«

Das Geheimnis dieses Landes, das immer irgendwie überlebt, hängt mit der großen Solidarität der Auslandspolen zusammen. Mehr als 15 Millionen leben über die ganze Welt verstreut jenseits der polnischen Grenzen, vorwiegend in Westeuropa, Amerika, Kanada und Australien. Sie hängen an ihrer Heimat, kehren oft zurück und lassen die Verbindung nie ganz abreißen – darin sind sie ähnlich wie die Italiener.

Der zweite Grund für die Überlebensfähigkeit der Polen und dafür, daß auch in den vergangenen Jahren niemand wirklich gehungert hat, liegt in dem großen Anteil der bäuerlichen Bevölkerung. Eigentlich hat jeder Städter und Industriearbeiter irgendeinen Bezug zu einem Bauern, der in mageren Zeiten aktiviert wird. Die meisten Haushalte in Warschau haben als feste Einrichtung eine Bauersfrau, die ihnen Fleisch bringt. Die zweieinhalb Kilogramm (einschließlich Knochen, Wurst etc.), die jeder auf Grund von Bezugsscheinen pro Kopf und Monat erhält, sind für polnische Begriffe eher unzureichend. Das zusätzliche oder »schwarze« Fleisch kostet nur etwa 60 Prozent mehr als das der normalen Zuteilung, woraus hervorgeht, daß die früheren Preisverhältnisse mittlerweile weitgehend entzerrt worden sind.

Bis 1981 waren alle Lebensmittel so stark subventioniert, daß schließlich der Subventionsanteil höher war als der Anteil, den der Konsument zahlte.

Gleich nach der Ausrufung des Kriegsrechts, im Januar 1982, wurden die Lebensmittelpreise um 200 Prozent erhöht und noch ein zweites Mal im Januar dieses Jahres um 18 Prozent. Zwar stiegen Löhne und Gehälter auch, aber nicht entsprechend, so daß diese Roßkur zu einer Senkung des Lebensstandards um 25 Prozent führte. Man muß staunen, daß so etwas überhaupt möglich ist. Aber es blieb wohl nichts anderes übrig, denn verglichen mit dem letzten normalen Jahr 1979 war die Arbeitsproduktivität um 25 Prozent abgesunken. Ähnlich waren die Zahlen für das Sozialprodukt und den Export. Das einzige, das ständig wuchs und noch immer wächst, sind die Schulden.

»Was sind denn die Hauptmerkmale der Wirtschaftsreform?«

»Die stufenweise Einführung von Marktelementen und eine ganz konsequente Dezentralisierung. Vor der Reform war es die Plankommission, die aus den Angaben aller Ministerien nach Zweckmäßigkeitsgesichtspunkten einen zentralen Plan aufgestellt hat, der dann von oben nach unten verordnet wurde. Heute stellt der einzelne Betrieb seinen Plan auf, er disponiert auch selbständig über Einkauf und Verkauf, und ein Teil der von ihm erlösten Devisen steht ihm zur eigenen Verfügung. Die Zentrale kann nur noch Richtlinien entwerfen und durch Staatsaufträge auf die Produktion einwirken.«

Eine skeptische Frage konnte ich nicht unterdrücken: »Wenn die Plankommission soviel weniger zu tun hat, sind dann auch bei dieser bürokratischen Behörde Arbeitskräfte gestrichen worden?«

»O ja, im Lande sind die Zweigstellen von 1300 auf 900 Mitarbeiter reduziert worden, und in der Warschauer Zentrale gibt es nur noch 700 Planstellen.«

»Ich habe gehört, daß sich der Wert der aus der Gierek-Zeit stammenden unvollendeten Industrieanlagen auf etwa 40 Milliarden Mark beläuft. Was werden sie mit diesen nutzlos vor sich hindämmernden Ruinen tun?«

»Wir haben jedes Unternehmen durchleuchtet, mit den örtlichen Behörden durchdiskutiert. Sie bestehen natürlich überall darauf, daß alles weitergebaut wird, aber wenn wir dem zustimmten, dann könnten wir während der nächsten zwei Fünf-Jahres-Pläne nichts anderes mehr anschaffen. Darum haben wir drei Kategorien von Projekten gebildet: die, die sofort weitergebaut werden, vor allem pharmazeutische Fabriken; die, die zunächst einmal warten müssen; und schließlich die, die ganz eingestellt werden und deren Gebäude inzwischen von Staatsbetrieben genutzt werden.«

Die Kapitaldecke ist eben überall zu knapp. Immer wieder muß ein Loch gestopft werden, indem ein anderes aufgerissen wird. Jene Sanktionen, die noch nicht aufgehoben worden sind, tragen wesentlich zu dieser kritischen Situation bei. Fast die Hälfte der schwerverdienten Devisen muß auf die Auslandsschulden verwandt werden.

Der einzige Minister, der strahlt, ist der Landwirtschaftsminister: Polen hat die beste Ernte, die es seit Kriegsende, also seit vierzig Jahren, je gehabt hat. Während 1982 noch neun Millionen Tonnen Getreide importiert werden mußten, sind es dieses Jahr nur zwei Millionen Tonnen Futtergetreide und netto eine Million Tonnen Brotgetreide (zwei Millionen Tonnen Weizen werden importiert, eine Million Tonnen Roggen exportiert). Allmählich wird auch der Bestand an Geflügel wieder aufgestockt. Als Amerika 1982 im Zuge der Sanktionen den Maisexport nach Polen sperrte, ging die Produktion von 400 000 Hähnchen auf 100 000 herunter; das bedeutete damals pro Kopf der Bevölkerung acht Kilogramm Fleischzuteilung weniger.

Der Minister sagt, daß die Aufwendungen an künstlichem

Dünger pro Hektar ebenso groß, fast ein bißchen größer seien als in Frankreich. Woran es mangelt, sind, so sagt er, Pflanzenschutzmittel, vor allem die gegen Pilzkrankheiten. Meine Mitteilung, daß in der Bundesrepublik große Besorgnis herrsche über zuviel Chemikalien, die womöglich ins Grundwasser eindringen, quittierte er mit der Bemerkung: »Man muß eben wissen, was einem wichtiger ist: Gesund und hungrig sein oder satt mit Kopfschmerzen.« Mir schien, daß beide Seiten genau wissen, was ihnen wichtiger ist – nur sind die Antworten eben nicht identisch.

Was die Deutschen anbetrifft, so können die Polen sich einfach nicht vorstellen, daß Bundesinnenminister Zimmermann und Staatsminister Mertes Aussagen machen, die der Kanzler und das Kabinett nicht gebilligt haben: »Ein Minister spricht doch nicht als Privatmann, und wieso reden Kabinettsmitglieder plötzlich wie Funktionäre einer Landsmannschaft?« Nur die Jungen sind da weniger empfindlich. Ein Student meinte: »Die Deutschen waren die einzigen Westler, die uns geholfen haben, als es uns dreckig ging. Warum sollen wir ihnen jetzt mißtrauen? Und eine Schülerin, die mit dreißig anderen im Juli dieses Jahres zum Austausch in niedersächsischen Privatfamilien gewesen ist, schrieb in ihrem Erfahrungsbericht, jetzt wisse sie, daß es nicht nur *die* Deutschen gibt, die man gewöhnlich in den Fernsehfilmen in Polen vorgeführt bekommt.

Die Antennen der Älteren aber sind stets weit ausgefahren. Ein unbedachtes Wort in Bonn, und gleich glüht ein rotes Licht auf: Gefahr im Verzug! Ein Abgeordneter, stellvertretender Vorsitzender des Außenpolitischen Ausschusses, meinte: »Je tiefer der Graben zwischen den beiden Deutschlands ist, desto sicherer fühlen wir uns im allgemeinen. Ihr seid ein geteiltes Land, aber wir sind in uns selbst gespalten. Wir haben Angst, wenn Ihr Euch angiftet, aber wir haben auch Angst, wenn Ihr Euch zu gut vertragt.«

Erst nach und nach wird deutlich, warum der Ärger über die Deutschen so nachhaltig ist: Er wird überlagert und dadurch verstärkt von dem beängstigenden Gefühl, isoliert zu sein. Isoliert vom Westen, vom Osten, auch von den Nachbarn. Polen war gewöhnt, für Moskau an der ersten Stelle zu stehen. War es nicht noch 1980 ganz selbstverständlich, daß Giscard d'Estaing, der nicht nach Moskau reisen wollte, Breschnew in Warschau traf? »Bonn macht hinter unserem Rücken Politik mit Moskau und Ost-Berlin. Das hat Außenminister Schröder getan, als er Anfang der sechziger Jahre mit Rumänien und anderen Osteuropäern Abmachungen über die ersten Handelsvertretungen traf.«

»Ja, müssen wir denn Sie fragen, ehe wir mit Ost-Berlin oder Moskau sprechen?«

»Nein, das nicht, aber es wäre ein Gebot der Klugheit, daß ihr den wichtigsten Nachbarn einbeziecht.«

»Was also sollen, was können wir tun?«

»Bei der Anerkennung von Potsdam bleiben, das Geschwätz über Grenzen unterlassen und die Politik der siebziger Jahre fortführen. Schmidt ist damals vom Werbellinsee nicht vorzeitig abgereist, als in Polen das Kriegsrecht verhängt wurde, obgleich viele ihm das geraten haben. Auch ist er in Washington stets für Entspannung eingetreten. Kohl tut, so scheint uns, alles, was die Amerikaner wollen.«

Im Zentralkomitee ist man Helmut Schmidt gegenüber kritischer als am Regierungssitz. Die Sache mit dem Nachrüstungsbeschluß, für den er sich so eingesetzt hat, sei ganz verkehrt gewesen.

»Wieso eigentlich? Der Beschluß, der drei Jahre Zeit ließ, um zu einer Einigung zu kommen, war ja durchaus einleuchtend. Verkehrt war nur, daß die Russen diese Zeit benutzt haben, um jede Woche eine SS-20 aufzustellen.«

»Nein, der Beschluß war ganz falsch. Wir haben es Schmidt

damals auch gesagt. Die Amerikaner wollten ja unter allen Umständen aufrüsten – das haben wir doch jetzt gesehen. Und darum hatten sie gar kein Interesse daran, ein Verhandlungsergebnis zustande zu bringen. Der Doppelbeschluß gab ihnen ein Blanko für die Aufrüstung.«

Jedesmal, wenn man nach Polen kommt, staunt man wieder von neuem darüber, wie viele heterogene Dinge vereinbar sind. Wir Deutschen in unserer Ordnungssucht wären unter ähnlichen Umständen längst zusammengebrochen, aber in Polen kann Lech Walesa, der Exponent des Widerstandes, westlichen Korrespondenten Interviews geben und sagen, er werde sich weiter darum bemühen, den Zielen der verbotenen – hier sagt man: suspendierten – *Solidarität* zum Durchbruch zu verhelfen.

In diesem autoritär regierten Land gibt es heute mehr Untergrundverlage und nicht zugelassene Publikationen als auf dem Höhepunkt der oppositionellen *Solidarität*. Neben den amtlichen, von der Zensur geregelten kulturellen Veranstaltungen gedeiht ein intellektuelles Leben, das sich um die Obrigkeit nicht im geringsten kümmert.   *21. September 1984*

Der Balance-Akt

Man muß wirklich von Zeit zu Zeit in Polen gewesen sein, um wieder zu begreifen, wie einzigartig die Stellung dieses Landes im sozialistischen Lager ist: Außer den Pfadfindern gibt es keine Organisation, die den Zweck hat, die Jugend von Kindesbeinen an zu indoktrinieren – also keine Komsomolzen, keine Pimpfe irgendwelcher Art. Und nicht nur, daß im vorigen Jahr ein Gesetz beschlossen wurde, das den Bauern für alle Zeit das Privateigentum an ihren Höfen garantiert; nicht nur, daß die

Rolle der Kirche im Leben der Gesellschaft absolut einmalig ist – es gibt auch religiöse Privilegien, die anderwärts unvorstellbar wären. Zur Zeit sind in Polen etwa 1000 Kirchen im Bau; in Lublin existiert eine katholische Akademie; Kinder erhalten Religionsunterricht. Ein Gesprächspartner behauptet, für die Kirche seien mehr Priester, Nonnen und Angehörige der Hierarchie tätig als Funktionäre für die Partei.

Und was es überhaupt noch nie, zu keiner Zeit und in keinem sozialistischen Lande gegeben hat, das vollzog sich nach dem Mord an Pater Popieluszko: Vier höhere Angehörige des Sicherheitsdienstes standen 29 Tage lang vor Gericht und wurden zu hohen Strafen verurteilt – zwei von ihnen erhielten 25 Jahre Haft. Neben den Protokollanten der Regierung hatte damals auch die Kirche einen Stenotypisten im Gerichtssaal, der eine tausend Seiten umfassende Niederschrift angefertigt hat.

Man sollte ferner nicht vergessen, daß aus Polen mehr Bürger in den Westen reisen dürfen als aus irgendeinem anderen Mitgliedsstaat des Warschauer Paktes. Allein die Bonner Botschaft in Warschau hat in diesem Jahr 400 000 Visa erteilt – und die polnische in Köln hat es immerhin auf 300 000 gebracht. Und dann die Amnestie im Juli 1984: Die Nachbarn, vor allem die DDR und die ČSSR, werden diesen Akt »bürgerlichen Mitleids mit den Konterrevolutionären« gewiß mit Entsetzen verfolgt haben.

Schließlich ist ja auch die jüngste Wahl keine der üblichen 99prozentigen gewesen. Die Regierung behauptet, 78 Prozent der Wahlberechtigten seien an die Urnen gegangen. Die Solidarność bestreitet dies. Aber wie dem auch sei, jetzt gibt es ein neues Parlament, einen neuen *Sejm* – und neu ist er wirklich: Nur 15 Prozent der alten Parlamentarier sind geblieben. Unter den neuen gibt es 80 Unabhängige. Das allerdings sagt noch nicht viel, denn auch sie sind ja von der Regierung als Kandidaten aufgestellt worden, weil sie im Sinne des Regimes loyal sind.

Ein so wichtiger Mann wie Edmund Osmańczyk, der in der Zeit des Ausnahmezustands Opposition machte, ist deswegen nicht wieder aufgestellt worden. Die Regierung fühlt sich also offenbar doch nicht so sicher, wenn schon *ein* begabter Redner sie einzuschüchtern vermag. Allerdings dürfen die Reden der Parlamentarier nicht verändert, also weder gekürzt noch zensiert werden. Darum konnte seinerzeit der flammende Protest des verstorbenen Karol Macuzyński zur Ausrufung des Ausnahmezustands vervielfältigt von Hand zu Hand wandern und viele mit Genugtuung erfüllen. Doch in Polen finden sich immer wieder furchtlose Ritter, die der Sache der Freiheit dienen, und so wird es sie auch im neuen *Sejm* geben.

Ryszard Wojna, Vorsitzender des Außenpolitischen Ausschusses im *Sejm* meint, das intellektuelle Niveau sei bei der Zusammensetzung des neuen Parlaments wesentlich höher als im alten; nur mit der politischen Erfahrung, da werde es hapern. Die Kompetenzen des Parlaments in Polen sind zwar verglichen zu denen der Ostblockpartner durchaus wichtig; absolut genommen fallen sie jedoch nicht sehr ins Gewicht, denn eine Kontrolle der Regierung ist natürlich nicht vorgesehen.

Außerordentlich bedeutsam ist dagegen die einzigartige Tatsache, daß die Regierung in Polen viel wichtiger geworden ist als die Partei. Deren Niedergang war ja der Faktor, der den Aufstieg der Solidarność ermöglicht hat. Und wenngleich die Solidarność inzwischen auch an Bedeutung zurückgeht, so hat die Partei keineswegs an Einfluß zugenommen. Manche Politiker meinen sogar, im politischen Raum könne Polen zu einem Beispiel für den Warschauer Pakt werden, so wie das ungarische Modell es für den wirtschaftlichen Bereich ist.

Polen paßt in vieler Beziehung nicht in das Klischee, das Amerika sich vom kommunistischen Lager macht. Dies mag der Grund dafür sein, daß Washington Polens Zugehörigkeit zum Warschauer Pakt immer wieder vergißt. Wie anders wären manche der amerikanischen Forderungen sonst zu erklären? Oder auch die Tatsache, daß Präsident Reagan alle möglichen kommunistischen Potentaten empfängt, nur den liberalsten von allen nicht – den polnischen Staatschef Jaruzelski.

Der General selber antwortet auf die Frage, ob er in Amerika erreicht habe, daß nun endlich die Sanktionen aufgehoben werden, er sei nicht in Amerika gewesen, sondern bei den Vereinten Nationen. Er wirkt gelockert und entspannter als bei meinen früheren Besuchen; offenbar haben die vielfältigen Begegnungen mit ausländischen Regierungsvertretern in New York ihn empfinden lassen, daß Polen gar nicht so isoliert ist. Ärgerlich ist natürlich, daß die amerikanische Regierung ängstlich jede Berührungsmöglichkeit vermied; noch ärgerlicher, daß Präsident Reagan und Vizepräsident Bush – der vor einem Jahr das stalinistische Rumänien als vorbildlich in bezug auf Menschenrechte gepriesen hatte, den Chef des Brüsseler Büros der Solidarność, also deren Zentrum im Westen, kurz darauf empfing.

»Wenn wir«, sagt Jaruzelski, »Unruhestifter einsperren, die sowjetische Denkmäler beschmieren, Flugblätter verteilen oder feindliche Parolen an die Mauern malen, dann sind das politische Gefangene; wenn Demonstranten in den Vereinigten Staaten ähnliches tun, sei es während Vietnam oder heute, fällt es niemandem ein, sie so zu nennen.«

Meine Bemerkung, in Südafrika würden jedes Jahr 220 000 Schwarze wegen Paßvergehen eingesperrt, und ein halbes Dutzend Oppositionelle stürben jährlich im Gefängnis an den Folgen von Folterungen, ohne daß Washington deswegen die Beziehungen abbricht, beantwortet der General mit der Feststellung, Südafrika sei weit, er könne die Zustände dort nicht beurteilen. »Aber bleiben wir ruhig in der Nachbarschaft. Einmal, als Präsident Reagan sich über unsere angeblichen politischen Gefangenen aufregte, stand neben ihm sein Verbündeter, der Regierungschef der Türkei, bei dem seit Jahren die zehnfache Zahl im Gefängnis sitzt.«

Die Frage, ob der Wechsel in Moskau zu Veränderungen im Warschauer Pakt führen wird, verneint der General. »Und im Comecon?« »O ja, ganz gewiß. Da findet eine enorme Dynamisierung statt. Reagan müßte einen Orden bekommen für seine Verdienste um die Integration im Osten. Bis zu den Sanktionen spielten sich 65 Prozent unseres Außenhandels mit dem Westen ab, heute sind es nur noch 50 Prozent. Außerdem haben wir soeben mit Moskau einen Vertrag über wissenschaftliche Zusammenarbeit bis zum Jahr 2000 abgeschlossen; mit 80 sowjetischen Instituten sind bereits Verhandlungen aufgenommen worden.«

»Ist das nach Ihrem Sinn? Gefällt Ihnen dies?«

»Wir möchten gern mit allen Seiten gute, friedliche Beziehungen haben. Aber die Erfahrung zeigt, daß die Russen zu ihren Verträgen stehen. Sie haben uns in schwerer Zeit geholfen, während die Amerikaner ihre Versprechen gebrochen haben und nicht einmal den Mais lieferten, für den der Kontrakt schon unterschrieben war.«

Es ist wahr: Washingtons Politik Polen gegenüber zeigt überaus deutlich, daß die große Supermacht ihre Außenpolitik nur mit kleinem Hirn betreibt. Es gibt keinerlei Konzept für den Osten – da nutzen denn auch die vielen Raketen nichts. Polen, das den Amerikanern nichts getan hat, das eine nützliche Rolle spielen könnte, wird mit Fleiß benachteiligt, und die Sowjetunion, die der eigentliche Gegner ist, erhielt in diesem Jahr 18 Millionen Tonnen Getreide. Für das Jahr 1986 sind 22 Millionen kontrahiert...

Schon aus Eigennutz sollte der Westen endlich die Sanktionspolitik aufgeben, die verhindert, daß Polen die Meistbegünstigung zugestanden wird, daß es dem Internationalen Währungsfonds beitreten kann, und daß es wieder Kredite erhält – denn wie soll das Land Zinsen zahlen, wenn es nicht exportieren kann, weil Ersatzteile und Rohstoffe nicht importiert werden können?

Die Zahlen, die mir von verschiedenen Ministern genannt wurden, zeigen, daß die Wirtschaft sich trotz aller Schwierigkeiten wieder aufwärts entwickelt, ausgehend freilich von einem sehr niedrigen Niveau. So ist denn beispielsweise die Ausnutzung der Industriekapazität von 58 Prozent im Jahr 1983 auf 75 Prozent 1984 gestiegen. Der Steinkohleexport – ein wichtiger Devisenbringer – stieg im gleichen Zeitraum von 17,6 Millionen Tonnen auf 30 Millionen Tonnen. Die Arbeitsproduktivität nahm 1984 um 5,9 Prozent zu. Polen hatte überdies großes Glück: Die letzten drei Jahre brachten die besten Ernten, die es seit Kriegsende gegeben hat.

Überhaupt genießt die Landwirtschaft Priorität im heutigen Polen. Die Mechanisierung hat stark zugenommen: 1980 gab es 378 000 Traktoren, 1984 waren es 600 000. Die Experten meinen allerdings, die allgemeine Entwicklung werde nicht so bleiben, weil sich wieder einmal die Preisschere zu Ungunsten der Bauern öffnet: Der künstliche Dünger und die Maschinen steigen schneller im Preis als die landwirtschaftlichen Produkte.

Wie wichtig die Prosperität auf dem Lande ist, wird klar, wenn man erfährt, daß die Landwirtschaft nur mit 13 Prozent am Nationalprodukt beteiligt ist, aber 30 Prozent der Erwerbstätigen in der Landwirtschaft beschäftigt sind; allerdings sind dabei die Zwergbetriebe mitgerechnet, deren Besitzer nur zeitweise auf dem Lande arbeiten.

Ein bedeutsamer Erfolg ist es, daß in den letzten zwei Jahren 600 000 neue Arbeitstellen im Dienstleistungsgewerbe, vorwiegend im Handwerk, geschaffen worden sind. Ein Teil der Wirtschaftsreform, die die Solidarność geplant hatte, ist eben inzwischen doch eingeleitet worden. Die Gesetze für die Dezentralisierung und für eine stärkere Marktorientierung sind fast alle beschlossen worden, wiewohl es bei der Durchführung natürlich ungeahnte Schwierigkeiten gibt.

Die notwendige Preisentzerrung hat oft genug eine vorrevolutionäre Stimmung erzeugt, die dann zur Rücknahme der angekündigten Preiserhöhung zwang. Zwar ist es gelungen, dieses gefährliche Experiment inzwischen dort durchzuführen, wo die Verzerrung am schlimmsten war: bei Lebensmitteln. Die unvertretbar hohe Globalsumme der Subventionen aber ist dennoch gestiegen, weil inzwischen Hausbrandkohle, Wohnungsbau und Verkehr ganz stark subventioniert werden müssen, um die Bürger einigermaßen bei Laune zu halten. Mit dem Bus kann man heute noch für drei Złoty quer durch ganz Warschau fahren, das sind etwa zehn Pfennig. Würde dieser Preis kostengerecht erhöht, gäbe es ganz gewiß einen Aufstand, von dem niemand weiß, wie er endet.

An Aufständen aber ist Polen so reich wie kein anderes Land. Seit Kriegsende gab es kein Jahrzehnt ohne Aufstand. Wie auf eine Kette gefädelt reihen sie sich aneinander, und die Intervalle scheinen immer kürzer zu werden: 1956 (Gomulka), 1968 (Studenten), 1970 (Danzig), 1976 (Radom), 1980 (Solidarność). Die Kombination von materieller Not und politischer Sehnsucht nach nationaler Selbständigkeit und geistiger Freiheit erzeugt eben ein höchst explosives Klima, vor allem bei einem Volk, das 200 Jahre konspirative Erfahrung besitzt.

Kaum eine Generation, in der nicht Angehörige polnischer Familien im Gefängnis saßen; nur die Begründungen wechselten mit den jeweiligen Regierungen. Adam Michnik ist verhaftet worden, weil er als Liberaler gegen das kommunistische Regime aufgetreten ist – sein Vater saß jahrelang im Gefängnis, weil er als Kommunist das Pilsudski-Regime bekämpfte.

Im Grunde können wir uns gar nicht vorstellen, wie bedroht eine Nation sich fühlen muß, deren Geschichte ein nationaler Überlebenskampf in Permanenz ist. Und, so muß man hinzu-

fügen, wie schwer es eine Regierung hat, die zwischen mißtrau-
ischen Russen, der rivalisierenden Kirche, unzufriedenen Bürgern und einem nicht zu bewältigenden Berg von Schulden la-
vieren muß; zumal, wenn die Decke so kurz ist, daß immer, wenn
sie in eine Ecke gezogen wird, um die Leute dort zu wärmen,
die auf der gegenüberliegenden bloße Füße bekommen. Wenn
wir Deutschen so leben müßten, wären wir als Volk längst unter-
gegangen.

Ich fragte Josef Cyrek, Politbüromitglied und ZK-Sekretär
für Außenpolitik, der, wenn am 8. November die Regierung
umgebildet wird, vielleicht wieder das Außenministerium übernimmt, ob die Klagen über den angeblichen Revisionismus der
Bundesrepublik noch ebenso laut und intensiv sind wie im
vorigen Jahr. Seine Antwort: Der Argwohn sei abgeklungen,
Genschers Besuch im März habe die erste Beruhigung gebracht,
und nachdem die beiden Ministerpräsidenten Lothar Späth und
Bernhard Vogel in Warschau waren, sei man nun auch etwas
optimistischer hinsichtlich der CDU/CSU.

In der vergangenen Woche waren nicht nur Wahlen in Polen,
es jährte sich auch der Tag, an dem Pater Popiełuszko, den ich
noch zwei Wochen vorher besucht hatte, ermordet worden ist.
Am Vorabend wurde in der Kirche, in der er zu predigen pflegte,
eine Messe zu seinem Gedenken gehalten. Kardinal Glemp hielt
die Predigt. Ein paar tausend Andächtige standen im Halbdun-
kel der Laternen vor dem überfüllten Gotteshaus. Es war ganz
still, nur die Blätter, die der Wind zusammentrieb, raschelten
gelegentlich. Klar und deutlich klang die Stimme des Primas
durch die Nacht. Er sprach von jenem Mord, und dieses Stich-
wort gab ihm Gelegenheit, sehr lang über die Verwerflichkeit der
Abtreibung zu reden. Die Leute waren enttäuscht. Sie hatten
mehr erwartet, wenigstens ein paar politische Andeutungen.

Aber der Primas ist zur Zeit bemüht, die Kirche aus jeglicher
politischer Verstrickung herauszuhalten. Sie soll nicht in eine

Situation kommen, in der sie für die Politik mitverantwortlich ist. Darum hat sie sich zum Ärger der Regierung bei der Wahl auch neutral verhalten. Kein einziger der 95 Bischöfe, von denen freilich eine ganze Anzahl in der Dritten Welt Dienst tut, ist zur Wahl gegangen.   *1. November 1985*

Bonn und Warschau

Es war ein Glücksfall, daß das deutsche Polen-Forum diesmal in Krakau tagte und daß es ausgerechnet gleich nach dem Genfer Gipfel stattfand. Denn auf diese Weise bot sich die Möglichkeit, im Bereich des Warschauer Paktes die Wellen zu spüren, die von Prag ausgegangen sind, wo Gorbatschow auf einer Zwischenstation seine Alliierten informiert hatte.

Die Reaktion ist außerordentlich positiv. Jemand, der mit in Prag war, meinte, es sei dem Generalsekretär offenbar gelungen, den Präsidenten zum Nachdenken über das SDI-Projekt und dessen vielfältig negative Auswirkungen zu veranlassen. Wie erfreulich, so der erste Gedanke, daß die psychologische Wirkung dieser Begegnung zweier Widersacher, die einander bisher für Menschenfresser hielten und die nun feststellten, daß der andere in durchaus normaler Menschengestalt vor ihm stand – daß diese Wirkung so überzeugend ausgefallen ist.

Im zweiten Moment freilich drängt sich die Sorge auf, ob nicht jene überraschende Entdeckung den Beteiligten allzu erfreuliche Entwicklungen vorgegaukelt hat. Ohnehin ist es bei solchen Gelegenheiten meist so, daß das angenehme Klima sich mit der Zeit verflüchtigt und die quälenden Fakten zurückbleiben. Wenn dann aber noch die Enttäuschung substantieller Hoffnungen hinzukommt, dann wird das Verhandeln noch schwieriger.

Während also auf höchster Ebene der Beginn einer leichten Entspannung wahrzunehmen ist, war das Klima beim deutsch-polnischen Forum zunächst enttäuschend. Die etwa 45 Teilnehmer auf jeder Seite – Kenner der Materie und der Probleme – hatten mindestens auf deutscher Seite gemeint, mittlerweile seien wir sehr viel weiter vorangekommen. Mittlerweile heißt, daß zufolge der Ereignisse in Polen das Forum fünf Jahre lang nicht getagt hatte.

Nun weiß man zwar, daß der erste Tag solchen Zusammenseins stets dazu genutzt wird, den Gesprächspartnern die alten Klagen erneut ins Gedächtnis zu rammen, aber diesmal waren diese Bemühungen besonders intensiv.

Warum das so war? Ich erinnerte mich an eine Unterhaltung, die ich mit einem vertrauenswürdigen, mir seit langem bekannten hohen Beamten drei Wochen zuvor in Warschau gehabt hatte und die in Kurzfassung den vielfältigen Klagen von Krakau entsprach. Er hatte mich damals beschworen zu glauben, daß auch er als Pole ernsthaft besorgt sei über die Entwicklung der deutsch-polnischen Beziehungen.

Ich entgegnete, er dürfe doch gelegentlichen Äußerungen von Unverbesserlichen nicht mehr Gewicht beimessen als den vielen Beteuerungen der offiziellen Repräsentanten – als da sind die Rede des Bundespräsidenten vom 8. Mai; die Äußerung des Bundeskanzlers auf dem Schlesier-Treffen: »Wir, die Bundesrepublik und die Volksrepublik Polen, haben gegeneinander keinerlei Gebietsansprüche und werden solche in Zukunft auch nicht erheben«; oder die vielen Erklärungen des Außenministers, beispielsweise in Loccum: »Wir stellen diese Grenze nicht in Frage – weder heute noch morgen. Hüten wir uns vor jedem Vesuch, daran zu kritteln oder zu rütteln, nachzubessern oder draufzusatteln.«

»Und schließlich«, so sagte ich damals und auch jetzt wieder, »haben Sie doch auch die große Hilfsbereitschaft und

Freundschaft des deutschen Volkes erlebt, das in dem schwierigen Jahr 1981/82 neun Millionen Pakete an Polen geschickt hat. Das alles ist doch wichtiger als ein paar absurde Äußerungen.«

»Wenn das alles so eindeutig wäre«, hieß es bei den gleichen Gesprächen in Krakau, »warum ist dann der stellvertretende Vorsitzende der CDU/CSU Rühe mit Vorwürfen seiner Parteigenossen überschüttet worden, als er von den Bindewirkungen des Warschauer Vertrages sprach? Wie kommt es, daß das Schlesier-Treffen plötzlich so wichtig ist, daß der Bundeskanzler glaubte, er müsse unbedingt dabei sein – ungeachtet des provokativen Titels dieser Veranstaltung? Und wieso ist neuerdings ständig von der deutschen Frage die Rede? Warum weist der Kanzler seinen Minister Zimmermann nicht zurecht, wenn dieser über die Grenzen von 1937 spricht? Ja, wie kommt es überhaupt, daß heute all dies geschieht, während doch zur Zeit der vorigen Regierung so etwas nie vorkam? Das kann doch gar nicht alles nur Zufall sein. Das deutet doch auf eine grundsätzliche Veränderung hin.«

In der Tat, diese Fragen sind nicht so leicht zu beantworten. Und dann kam noch ein Argument dazu: »Wenn ihr die Grenzen von 1937 nicht immer noch im Kopf hättet, dann würdet ihr ja nicht von ›Außengebieten‹ sprechen. Ihr habt einfach die rechtlichen Konsequenzen, die sich aus dem deutsch-polnischen Vertrag ergeben, nicht gezogen.«

»Außengebiete?«

»Ja, für euch gibt's nicht nur wie für alle anderen in der Welt Inland und Ausland, sondern noch etwas Drittes, nämlich Gebiete, die früher deutsch waren und heute angeblich nicht Ausland sind. Die Deutschen, die dort in dem, was Bonn ›Außengebiete‹ nennt, leben und die Anspruch auf eine Rente haben, bekommen diese nicht ausgezahlt, vielmehr wird die Rente eingefroren.«

»Und wer auf altem polnischem Gebiet lebt, der bekommt sie ausgezahlt?«

»Ja, der Deutsche, der in Gleiwitz lebt, der bekommt sie; der, der nebenan in Kattowitz sitzt, bekommt sie nicht.«

Glücklicherweise trat ein Jurist hinzu. Befragt, was hinter jener seltsamen Regelung steckt, erklärte er, sie gehe zurück auf das Urteil des Bundessozialgerichts vom 30. September 1976, das wiederum auf der Reichsversicherungsordnung (RVO) fußt und auf dem Artikel 116 des Grundgesetzes.

»Menschen müssen also leiden, nur weil die Bürokraten offensichtlich die Gesetzesmacher falsch beraten haben?«

»Nein, sie haben sie nicht falsch beraten, sie konnten nicht anders. Diese Gebiete sind durch die Niederlage Deutschlands in den tatsächlichen Besitz der Polen übergegangen, aber der Viermächte-Vorbehalt, der durch das Londoner Protokoll vom 12. Juli 1944 konstituiert und in der Berliner Deklaration vom 5. Februar 1945 noch einmal bestätigt wurde, dieser Viermächte-Vorbehalt postuliert, daß die ehemaligen deutschen Gebiete in den Grenzen von 1937 bis zum Friedensvertrag unter polnischer Verwaltung stehen. Der Warschauer Vertrag hat dann im Verhältnis zwischen der Bundesrepublik und Polen – also auf unserer Ebene – die real existierende Lage anerkannt; aber die RVO und das Urteil des Bundessozialgerichts sind davon unbetroffen.«

»Könnten denn die Vier Mächte, die jene Gebiete bis zum Friedensvertrag der polnischen Verwaltung unterstellt haben, eine endgültige Lösung auch ohne Friedensvertrag herbeiführen?«

»Theoretisch könnten sie, aber praktisch werden sie es aus – je nach Nation verschiedenen – Interessen sicher nicht tun.«

Resümee der Erklärung dieses komplizierten Tatbestandes: Man kann beide Seiten verstehen – die Deutschen, die sagen: »Wir können nicht anders«, und die Polen, die den Verdacht hegen: »Da muß doch was dahinterstecken«.

Nachdem der erste Tag des deutsch-polnischen Forums mit seinem düsteren Ritual überstanden war, klärte sich der Horizont auf, und am dritten Tag kam es sogar zu einer Reihe höchst sinnvoller, gemeinsamer Empfehlungen. Sie betrafen eine stärkere wirtschaftliche Kooperation: Partnerschaft zwischen Handelskammern der beiden Länder wurden angeregt, Zusammenarbeit auch von mittleren und kleineren Betrieben – die Zeit der großen Anlagen sei vorbei, so hieß es. Im nächsten Jahr schon werden sich Vertreter von je drei solcher Firmen aus Schleswig-Holstein und aus Nordpolen treffen, um über Kooperation mit neuen Technologien zu beraten. Der Staatssekretär des Bonner Wirtschaftsministeriums, Martin Grüner, gab seiner Meinung Ausdruck, daß die Fähigkeit zur Erholung der polnischen Wirtschaft durchaus gegeben ist, vorausgesetzt, daß die beiden Delegationen einig werden, die sich am 3. und 4. Dezember zum Abschluß der Umschuldungsverhandlungen treffen.

Wenn dieses Abkommen unter Dach und Fach kommt, dann ist die Bundesregierung bereit, für 100 Millionen Mark Hermes-Deckung zu gewähren. Dies sei zwar angesichts des Schuldenberges nicht viel, aber es sei ja auch nur der Anfang – wenn alles ordnungsgemäß liefe, würden weitere Hilfen gewährt. Auch setze sich die Bundesrepublik, wie schon bisher, energisch für den Beitritt Polens zum Internationalen Währungsfonds ein, der, so sei zu hoffen, im Laufe des folgenden Jahres erfolgen könne.

Für den politischen Bereich hat das Forum ebenfalls eine lange Reihe von Empfehlungen gegeben, die alle auf eine wesentlich engere Zusammenarbeit, als dies bisher möglich war, hinauslaufen: gemeinsame Forschungsprojekte im Rahmen der Universitäten, Fortsetzung der Schulbuchkonferenz, wechselseitige Einrichtung von Kulturinstituten, Versuche, die Rechtsbeihilfe wieder zu beleben, Kooperation beim Umweltschutz und schließlich gemeinsame Anstrengungen zur Unterstützung von zwei Vorhaben, die wohl am schwierigsten durchzusetzen sein werden:

das Landwirtschaftsprojekt der Kirchen und die Errichtung einer Gedenkstätte für den deutschen Widerstand in Kreisau.

Die Polen sind sich offenbar darüber im klaren, daß ein neues Zeitalter angebrochen ist, in dem nur der konkurrenzfähig ist, der technologisch nicht hinterherhinkt. Diese Einsicht, die beide Seiten des Forums teilen, gibt dem Wunsch nach Zusammenarbeit Auftrieb. Karl Kaiser, einer der beiden Vorsitzenden, hatte gleich zu Anfang, Außenminister Genscher zitierend, gesagt, wir müßten alles tun, damit neben der ideologischen nicht auch noch die technologische Spaltung Europas vertieft wird.

Die Kunde aus dem fernen Genf schließlich beflügelte die Hoffnung der Anwesenden auf eine engere Zusammenarbeit zwischen Ost und West innerhalb Europas. Beide Seiten erklärten ihre Entschlossenheit, Europa neue Impulse zu geben.

29. November 1985

8
Der neue Aufbruch
(1987–90)

»In der östlichen Welt setzt sich jetzt die Einsicht
durch, daß es in der modernen Welt ohne Kritik,
Initiative, Information, Eigenverantwortung
und Dezentralisierung nicht geht. Den Polen war
schon lange klar, daß man die Regierung von der
Partei befreien muß und die Wirtschaft von der
Regierung.«

Mehr Rechte den Bürgern,
weniger Macht der Partei

Zwei Grundprinzipien, die den kategorischen Unterschied zum Westen bilden, waren bisher charakteristisch für die östlichen Staaten. Erstens: Die Partei hat immer recht; in den Verfassungen heißt es, der Partei komme »die führende Rolle« zu. Zweitens: Das Recht des Ganzen steht über dem Recht des einzelnen.

In der vorigen Woche hat nun aber das Plenum des Zentralkomitees der Polnischen Vereinigten Arbeiterpartei Beschlüsse gefaßt, die ganz im Gegensatz zu jenen Grundprinzipien stehen.

Premierminister Messmer hat im Parlament ein Gesetzespaket zur zweiten Etappe der Wirtschaftsreform eingebracht. Übrigens ist die erste Etappe, und dies wahrscheinlich zu Unrecht, von der polnischen Öffentlichkeit nicht wahrgenommen worden. Nur die Preiserhöhungen sind in Erinnerung geblieben, und sie werden, so befürchtet die Mehrzahl der Menschen in Polen, auch diesmal eine entscheidende Rolle spielen. Genau aus diesem Grunde geht die Regierung mit großem Bedacht zu Werke; das Parlament will noch in diesem Jahr durch ein Referendum das Volk auf die Reform festlegen. Was allerdings geschehen soll, wenn das Volk Nein sagt, das weiß keiner.

Welche Veränderungen soll die Reform bringen? Da ist zunächst der Vorschlag, eine zweite Kammer einzurichten, die über ein Vetorecht verfügt. Ferner heißt es: »Die Partei erhebt keinen Monopolanspruch auf die Ausübung der Macht.« Alles soll getan werden, um die Selbständigkeit der Unternehmen zu fördern: »Die Regierung wird die direkte Führung der Wirtschaft aufgeben«, wie der Leiter der gesellschaftlich-wirtschaftlichen Abteilung des ZK erklärte. Auch wird stärkere Wahrung der Rechte des einzelnen angestrebt, also mehr Rechtssicherheit.

Die Zahl der Ministerien soll von 28 auf 20 verringert werden. Über 3000 Staatsangestellte, darunter etwa 100 Minister, Vizeminister und Vizepräsidenten, werden ihre Posten verlieren – 3000, das sind etwa ein Viertel aller Funktionäre. Die Gründung neuer Gewerbebetriebe soll vereinfacht werden. Es wird weniger Subventionen und mehr Marktmechanismen geben. (Zur Zeit betragen die Aufwendungen für Subventionen mit 1600 Milliarden Złoty 40 Prozent der Staatsausgaben.) Eine Novelle zur Verwaltungsordnung soll überdies eine Vielzahl der heute verlangten amtlichen Bescheinigungen abschaffen.

Der Sinn dieser Reform ist es, an die Stelle von Planung und Bürokratie den Motor der Eigeninitiative motivierter Bürger zu setzen. Das ist ein überaus einleuchtender Gedanke, denn die bisherige Wirtschaftsweise hat hundertprozentig Schiffbruch erlitten. Und die Polen sind es satt, 40 Jahre nach Kriegsende – inzwischen sind zwei Generationen herangewachsen – noch immer in der gleichen Misere zu leben. Etwa 80 000 Polen verlassen seit 1981 jedes Jahr das Land, fast ein Drittel von ihnen geht nach Amerika; ebenso viele ziehen in die Bundesrepublik.

Polen sind skeptische Leute. Ihre Geschichte hat viele zu Zynikern gemacht. Werden sie daran glauben, daß es möglich ist, »ein Modell des sozialistischen Unternehmungsgeistes« zu schaffen? Werden sie es für möglich halten, daß im Verhältnis des Bürgers zu den Behörden das »Prinzip des gegenseitigen Vertrauens« eingeführt wird – eingeführt werden kann?

Alle müssen hoffen, daß das Referendum die Billigung der Mehrheit findet. Die Reform ist lebenswichtig, denn so wie bisher kann es nicht weitergehen: Die Passivität und Verzweiflung der Bürger hat mit beigetragen zum Niedergang der Wirtschaft, und der trostlose Zustand der Wirtschaft erzeugt seinerseits wieder neue Apathie. Was uns aber im Westen anbetrifft:

Wir sollten alles tun, was wir können, um zum Gelingen dieses Experiments beizutragen.

Allenthalben in der östlichen Welt setzt sich jetzt die Einsicht durch, daß es in der modernen Welt ohne Kritik, Initiative, Informationen, Eigenverantwortung und Dezentralisierung nicht geht. Den Polen war das seit langem klar, aber erst seit auch in Moskau die Erkenntnis dämmert, daß man die Regierung von der Partei befreien muß und die Wirtschaft von der Regierung, kann Warschau sich ernstlich an eine solche Reform machen.

Im Westen werden jetzt triumphierend Stimmen zu hören sein, die laut das Hohelied der Marktwirtschaft singen und den Sieg des Kapitalismus verkünden. Aber Marktwirtschaft als effiziente Methode ist keineswegs identisch mit Kapitalismus als einzigem Lebensinhalt. Wohin es führt, wenn Geld und Karriere wirklich der einzige Maßstab für Anerkennung und Befriedigung sind, das können wir jetzt an der allenthalben ausgebrochenen finanziellen Korruption und politischen Verwilderung ablesen – bei uns, in Amerika, in Frankreich, überall.

16. Oktober 1987

Polens Perestrojka

Der Fahrer konnte die Botschaft auf der anderen Seite der Weichsel nicht gleich finden. Als er schließlich das Wappen der Bundesrepublik in der Ferne erblickte, brach er in den Ruf aus: »Bundesrepublik-Kapitalismus!« Dabei sah er mich herausfordernd – oder war es frohlockend? – an. Ich vermochte nicht recht zu entschlüsseln, was ihn bewegte. Es klang mir aber eher provokativ, und so fragte ich: »Und Sie, Kommunist?«

Er ließ das Steuer los, hob beide Arme in die Höhe und rief

emphatisch: »Nein, *communism*-Kattastroff.« Wie er denken viele und dies schon seit langem. Aber wer heute Polen besucht und vor einiger Zeit in Ungarn war, gewinnt den Eindruck, daß der Marxismus seine totale Unfähigkeit auf wirtschaftlichem Gebiet mittlerweile auch für den letzten bisher noch Gläubigen offenbart hat. Und mit der Enthüllung materieller Unzulänglichkeit hat sich automatisch auch jegliche intellektuelle Faszination verflüchtigt.

Man fragt sich besorgt, was eigentlich geschehen soll, wenn die geistige und die ökonomische Grundlage eines Systems zusammenbricht, auf dem viele Länder ihre Existenz gegründet haben. Vielleicht hängt damit das zur Zeit entspannte Verhältnis zwischen Staat und Kirche zusammen, denn die Regierenden wissen natürlich, daß ein Staat ohne Philosophie – ohne *raison d'être* – auf Sand gebaut ist. Darum ist die Regierung im Moment vielleicht ganz froh, daß es die Kirche gibt, die kein Vakuum entstehen läßt.

Weihbischof Jerzy Dabrowski, der nächste Mitarbeiter von Kardinal Glemp, der im Juli als erster Primas Polens nach Moskau reisen wird, sagt, es gebe nicht wenige neue Zugänge in der katholischen Kirche. Tatsache ist auch, daß die Kommunistische Partei seit dem Verbot der Solidarność ein Drittel ihrer Mitglieder verloren hat und ihre Macht sich im Zustand der Erosion befindet. Wenn sie überhaupt noch Macht ausübt, so ist dies darauf zurückzuführen, daß die Polizei im entscheidenden Moment, wie jetzt wieder am 1. Mai, brutal prügelt und führende Oppositionelle in Haft nimmt.

Die Grundfrage für ganz Osteuropa lautet also: Ist der Marxismus reformierbar? »Wieso eigentlich nicht?« sagt Professor Markiewicz, Vizepräsident der Akademie der Wissenschaften, »auch der Kapitalismus ist doch reformiert worden.« Das ist wahr, man braucht gar nicht an den Frühkapitalismus in England zu erinnern, so, wie Marx und Engels ihn beschrieben haben;

es genügt, an die Zeit vor dem Ersten Weltkrieg in Deutschland zu denken und sie mit der sozialen Marktwirtschaft zu vergleichen, wie sie sich nach dem Zweiten Weltkrieg in der Bundesrepublik entwickelt hat, um die Berechtigung jenes Einwandes zu erkennen. Wobei allerdings hinzugefügt werden muß, daß eine Belebung der Arbeitsmentalität ohne Anreize und die Reform der Wirtschaftsstruktur ohne Kapital ungewöhnlich schwierig sein dürfte.

Jedenfalls aber sind derzeit in Polen, genau wie in der Sowjetunion, wirtschaftliche Reformen Trumpf. Auch in Polen heißt es: Dezentralisierung, mehr Marktwirtschaft, mehr persönliche Initiative und Verantwortung sowie Zulassung privater Unternehmen. *Glasnost*, die zweite Säule der Gorbatschow-Reform – also Kritik und Öffentlichkeit –, war in Polen im Gegensatz zu den meisten anderen sozialistischen Staaten schon immer erstaunlich verbreitet.

Die Zensur kümmert heute niemanden mehr: Im Untergrund erscheinen seit langer Zeit Hunderte von Zeitschriften und nicht zugelassenen Büchern, illegale Verlage blühen und die offiziellen Zeitungen werden offenbar kaum noch behindert. Die Journalisten von *Polityka* sagen, daß die Seiten zwar noch weiter zum Zensor geschickt werden, daß sie aber ohne Änderungen zurückkommen. Reisen ins Ausland werden in 95 Prozent der Fälle genehmigt: 1987 waren 5,2 Millionen im Ausland, davon 1,1 Millionen im Westen. Die deutsche Paßabteilung hat im vorigen Jahr über eine halbe Million Visa ausgestellt, der Höhepunkt waren 4000 an einem Tag. Da zwischen Bonn und Warschau über die aufgelaufenen Gebühren (15 Mark je Visum) Streit entstanden ist, stehen inzwischen auf einem Spezialkonto 1,5 Milliarden Złoty, die bei der Inflation von etwa 40 Prozent ständig an Wert verlieren. Man muß hoffen, daß diesem Unsinn bald ein Ende bereitet wird.

Der *Sejm*, das Parlament, hat beim Publikum an Interesse

und damit an Bedeutung gewonnen. Der Konsultativrat, den General Jaruzelski ins Leben gerufen hat und der viermal im Jahr zusammentrifft, ist in gewisser Weise eine Ergänzung des Parlaments, weil in diesem fünfzigköpfigen Gremium 70 Prozent Parteilose sitzen, auch harte Gegner des Systems, wie der Rechtsanwalt Sila-Nowicki, sowie ein Dutzend Vertreter, die der Kirche nahestehen. Der General führt den Vorsitz. Es wird offen und kontrovers diskutiert, Protokoll geführt und das Protokoll im Wortlaut ungekürzt veröffentlicht, eine höchst interessante Lektüre. Im vorigen Jahr hat Jan Szczepański, Abgeordneter des *Sejm* und lange Zeit Vizepräsident der Akademie der Wissenschaft, ein überaus kritisches Referat gehalten. Er analysierte schonungslos die Schwächen der zentralen Planwirtschaft und die Unfähigkeit der Bürokratie. Er sprach von einem »Augiasstall«, den es auszumisten gelte und verlangte, daß man den Bürger seine eigenen Interessen wieder selbst wahrnehmen lasse. Wörtlich sagte er:

– »Die Behörden stilisieren sich zu Schöpfern der Welt, die die Gesellschaft und die Wirtschaft aus eigener Sicht gestalten.«

– »Eines der Grundübel unserer Wirtschaft ist die große Zahl von wirtschaftlich überflüssigen Arbeitsplätzen, die eine Entwicklung in Richtung Rentabilität behindern und jegliche Initiative und Motivation zum Arbeiten abtöten.«

– »Wenn der Sozialismus sich nicht selbst erdrosseln soll, muß er eine neue Revolution initiieren.«

Anschließend fand eine Diskussion statt, und am Ende dankte der General dem Professsor: »Ich möchte mich der positiven Beurteilung, die dem Referat zuteil wurde, anschließen.«

In vielen Gesprächen hatte ich übrigens den Eindruck, daß selbst hohe Funktionäre sich eine Oppositonspartei im *Sejm* sehr wohl vorstellen können. Über die Notwendigkeit von Reformen sind sich alle einig – Regierung wie Opposition. Dies ist in Polen vermutlich anders als in der Sowjetunion, wo die Masse des Volkes dem Sozialismus viel verdankt, vor allem in bezug auf Bildung und Ausbildung, und wo die Bürger vermutlich gar nicht so sicher sind, daß *perestrojka* ihr Leben verbessern wird. In Polen dagegen, wo die Vergangenheit so viel leuchtender erscheint als die hoffnungslose Gegenwart, ist die Allgemeinheit überzeugt, daß Reformen unerläßlich sind. Nur finden alle, daß es weit schneller gehen müßte. Die Klagen lauten: »Die Regierung redet und redet, tut aber nichts.« – »Wir haben drei Jahre verloren, während wir dem Abgrund immer schneller entgegentreiben.« – »Wir sind auf das Niveau eines Entwicklungslandes abgesunken.«

Vizepremier Sadowski, der gleichzeitig Chef der Planungsbehörde ist und dem die Durchführung der Reformen untersteht, sagt: »Wir haben erst einmal den rechtlichen Rahmen für die zahlreichen Veränderungen schaffen müssen. Das hat viel Zeit gekostet, ist aber jetzt mehr oder weniger beendet. Nun muß noch das Gesetz durch den *Sejm*, das ausländische Investitionen garantiert und das dem fremden Investor gestattet, 51 Prozent zu halten und sein eigenes Management mitzubringen.« Ein hochgeachteter *elder statesman* sagte mir: »Es ist wahr, über 500 neue Gesetze und Verordnungen wurden beschlossen, aber die alten, oft grundsätzlichen, sind nicht aufgehoben worden, und darum halten sich besonders die unteren Funktionäre gern an die alten.«

Vizepräsident Sadowski erwähnte übrigens, daß inzwischen 150 000 kleine Privatunternehmen neu entstanden sind. Häufig hört man jetzt von Leuten, die in den USA oder der Bundesrepublik ein oder zwei Jahre gearbeitet haben, zurückkommen und in Polen einen Laden oder eine kleine Werkstatt errichten – oder auch ein Haus bauen. Es gibt eben gelegentlich auch positive Nachrichten, beispielsweise, daß 160 junge Polen eine Managementausbildung absolviert haben; daß der Exportüberschuß des ersten Quartals um 100 Millionen Dollar über dem des Vorjahres liegt; auch, daß der Produktionszuwachs höher ist als geplant. Ebenfalls interessant – mindestens als Barometer: BMW hat in den ersten beiden Monaten dieses Jahres genauso viele Wagen in Polen verkauft wie im ganzen Jahr 1987.

Einen Beweis für bereits erfolgte Dezentralisierung lieferte übrigens vorige Woche der Streik der Busfahrer in Bromberg. Sie streikten für eine Lohnangleichung an Warschau: In Warschau erhält der Busfahrer je Stunde 1,70 Złoty, in Bromberg nur 0,87. Die Bromberger Behörden baten Warschau um Hilfe – Warschau aber erklärte kühl: »Das ist jetzt nach der Dezentralisierung eure Sache, ihr könnt ja den Fahrpreis erhöhen.« Inzwischen hat man sich in Bromberg auf 1,35 Złoty geeinigt. Eine Fahrpreiserhöhung erscheint plausibel, denn in Warschau fährt man zum Beispiel für 15 Złoty (1 Mark = 200 Złoty) quer durch die ganze Stadt. Aber jede Preiserhöhung löst natürlich die Forderung nach Lohnerhöhung aus, so daß, falls die in Nowa Huta Streikenden sich durchsetzen sollten, die Lohn-Preis-Spirale voll in Schwung käme. Die Regierung hätte dann nur die Wahl, das Land in einer nicht aufzuhaltenden Inflation oder in Repression und Aufstand untergehen zu sehen.

Einstweilen allerdings gewinnt man nicht den Eindruck, mit einer vorrevolutionären Situation konfrontiert zu sein, wie dies bisher noch bei jedem Versuch einer Preisänderung in Polen der Fall war. Denn auch die Opposition sieht die ökonomischen Zusammenhänge und weiß, daß es ohne umfassende Reform nicht geht. Beide Seiten haben in diesen Jahren gelernt. Aber jede solche Situation ist unberechenbar: In Nowa Huta hat ein 38jähriger Mann namens Andrzej Szewczuwaniec, den die Führung der Solidarność gar nicht kannte, am 29. April um neun Uhr auf den Knopf gedrückt, das rote Licht eingeschaltet und damit das Streiksignal gegeben. Er ist übrigens nicht Mitglied der Solidarność. Da muß denn auch Lech Walesa mitmachen.

Die Opposition war vor Beginn der Streikserie, die in der letzten Aprilwoche begann, begreiflicherweise nicht mehr so geschlossen wie in der Kampfzeit der Solidarność. Die lange Zeit im Untergrund war abträglich für die Organisation, Rivalitäten sind aufgetreten und viele Junge, die jene große Zeit nicht mitgemacht haben, engagieren sich für andere Dinge: gegen alles Militärische und für Umwelt. Auch schafft die allgemeine Apathie und Mutlosigkeit nicht gerade ein Klima für Aufbruchsstimmung und revolutionäre Ideen.

Der Historiker Jerzy Holzer, der die Geschichte der *Solidarität* geschrieben hat, richtete vor zwei Monaten einen offenen Brief an Jaruzelski, in dem er der allgemeinen Hoffnungslosigkeit Ausdruck verleiht. Er spricht von Depression und Krise: »Der Kampf der Machthaber mit der Solidarność zerstört die Autorität beider Seiten und hinterläßt ein Vakuum.« Er drängt darauf, sie sollten sich ohne Vorbedingung zu einem Dialog treffen: »Es hat sich gezeigt, daß der Staat genausowenig in der Lage ist, die Gesellschaft zu unterwerfen, wie die Gesellschaft außerstande ist, ihre Probleme zu lösen, wenn der Staat nicht funktioniert.«

Auch Professor Bronislaw Geremek – neben Walesa wohl der wichtigste Kopf der Solidarność – meint, die Regierung müsse begreifen, daß eine schrittweise Annäherung der beiden Seiten einfach unerläßlich für den Frieden innerhalb der Gesellschaft ist; wenigstens auf Betriebsebene müsse die *Solidarität* wieder zugelassen werden. Aber Holzers Brief blieb unbeantwortet, und Geremeks Ratschläge verhallen ungehört. Ich fragte Oberst Gornicki, den Berater des Generals, warum die Regierung sich weigere, mit der verbotenen Gewerkschaft zu sprechen, wo es doch gerade die Kluft zwischen den Machthabern und der Gesellschaft sei, die zu der allgemeinen Katastrophenstimmung beitrage. Seine Antwort: »Wir verhandeln nicht mit Leuten, die aus Amerika eine Million Dollar annehmen, um gegen die Regierung zu arbeiten.« Auch sei ihre »staatsgefährdende Tätigkeit« nicht vergessen.

Ein Rezept aber, wie man der Wirtschaftskrise zu Leibe gehen könnte, das hat auch die Opposition nicht. Die altgedienten Marxisten geben offen zu, daß sie mit Schuld daran tragen, daß es an der Bereitschaft fehlt, sich einzusetzen. Józef Czyrek, Mitglied des Politbüros, sagt: »Der Fehler war, daß wir zu hohe Erwartungen geweckt haben, indem wir den Menschen versprachen, für sie zu sorgen. Da meinten die dann, sie brauchten nicht viel zu tun.« Er hat recht: Die Folge ist die niedrige Arbeitsproduktivität.

Nach vielen Jahrzehnten agitatorisch gelehrtem Marxismus sind nun gewisse Traditionen tief eingewurzelt:

1. die Verherrlichung der Egalität, welche Sonderbemühungen und höheren Verdienst verwerflich erscheinen läßt,

2. das Sich-Verlassen auf Anweisungen, wodurch jede Initiative erlosch und weshalb viele Chefs großer Unternehmen vor dem Risiko zurückschrecken, das ihnen die Reform zumutet,

3. die Nichtachtung gesellschaftlichen Eigentums.

Diese Eigenarten im Verein mit der schweren Schuldenlast, die auf dem Land liegt (es sind inzwischen 40 Milliarden Dollar, die sechs Prozent des Bruttosozialprodukts für Zinszahlung verschlingen), lassen jede Hoffnung schwinden, aus eigener Kraft aus dieser Misere herauszukommen. Tatsächlich ist das Bruttosozialprodukt seit 1978 zurückgegangen. Man erwartet, daß es erst 1990 wieder den Stand von 1978 erreichen wird.

Nur die Kirche scheint von der wirtschaftlichen Krise nicht angefochten zu sein. »Stimmt es, daß in den letzten Jahren 800 neue Kirchen gebaut worden sind?« fragte ich Bischof Jerzy Dambrowski. »800?«, sagte er, »nein, 1800. Wir hatten ja nach all den Jahren einen großen Nachholbedarf. Mag sein, daß erst

800 fertig sind und die anderen sich noch im Bau befinden.« Sie alle seien, fügte er hinzu, allein aus Spenden und mit den Hilfsdiensten der Gemeindemitglieder gebaut worden, ohne Zuschuß aus dem Ausland.

Ein Freund, der in einer großen neuen Siedlung am Rande von Warschau lebt, erzählte von einem solchen Bau, an dem er und seine Familie mitgewirkt haben. Er pries die Armut, die sie zu diesem Gemeinschaftswerk, das sich als außerordentlich integrierend erwiesen hat, gezwungen habe: »Vorher waren wir uns alle fremd, im Aufzug blickte man weg, um nicht grüßen zu müssen, jetzt kennen wir uns alle und leben miteinander fast wie auf dem Dorf.«

Zusammen mit ihm ging ich zu jenem Bau, der mir sehr groß erschien, aber er meinte, es sei nur eine Kapelle für ungefähr 1200 Leute; die richtige Kirche wird noch daneben gebaut, denn schließlich werde die Siedlung eines Tages aus 15 000 Menschen bestehen. Die Geschichte dieser Kapelle, die in kürzester Frist – in zwei Monaten – errichtet worden ist, schien mir höchst bemerkenswert: Der junge Propst, der Gemeindepfarrer, hatte gehört, daß in der Nähe ein heruntergekommener Bauernhof versteigert werde. Er kaufte ihn, verpachtete das Land an die Nachbarn und brach die Gebäude ab, um aus dem Material die Kirche zu errichten. Alle halfen mit und arbeiteten einem kleinen Trupp gelernter Bauarbeiter zu.

Als ich bewundernd vor dem Gebäude stand, fielen mir zwei Arbeiter auf, die vor einem Motor hockten und irgend etwas reparierten. »Gehören die auch dazu?« – »Ja, beide – der in dem grünen Pullover ist ein Herzspezialist, er hat jedes Wochenende und immer, wenn er konnte, mitgearbeitet.« Mir leuchtete ein, warum der Bischof von der sozialen Integrationswirkung dieser Aktivität gesprochen hat.

Polen war unter den östlichen Ländern das erste, das sich mit Meinungsumfragen beschäftigt hat. Seit ein paar Jahren gibt es ein Institut, das sich wissenschaftlich mit dieser Materie befaßt. »Wir berichten über die Stimmung in der Bevölkerung und veröffentlichen regelmäßig unsere Ergebnisse«, sagte Stanislaw Kwiatkowski, der Leiter. Ob die Politiker seine Ergebnisse nutzen, ob ihre Entscheidungen dadurch beeinflußt werden, das vermag er nicht zu sagen. »Aber jedenfalls kann keiner mehr behaupten, er habe nichts gewußt . . .« Das Institut beschäftigt in Warschau achtzig Mitarbeiter, die Hälfte davon sind Spezialisten; in jeder Woiwodschaft gibt es einen festen Mitarbeiter und etwa sechshundert Zuarbeiter, die akademisch geschult sind.

Kwiatkowski ist der Meinung, sein Unternehmen sei von der Aufgabe her ganz anders bestimmt als die Institute im Westen. »Wieso eigentlich?« – »Im Westen wird private Auftragsforschung betrieben, die Teil des Marketings ist. Wir dagegen betrachten uns quasi als Vermittler zwischen Bevölkerung und Regierung. Die Methoden sind dieselben, aber die Philosophie ist eine andere.«

»Die Regierung profitiert doch vermutlich mehr?« – »Nein, beide profitieren.« – »Bekommen Sie nie Aufträge von der Regierung?« – »Ganz selten. Neulich einmal vom Kultusministerium; die wollten wissen, was die Bevölkerung über eine Heimführung von Stanislaw August Poniatowski, dem letzten König Polens, denkt, der in dem heute russischen Teil Polens begraben ist.« – »Und was war das Ergebnis?« – »65 Prozent sind dafür, 12 dagegen.«

Interessant, was junge Polen im Leben erreichen wollen:

74 Prozent möchten eine Familie gründen, Kinder haben, glücklich leben,

46 Prozent geht es um Bildung und Qualifikation,

43 Prozent um interessante Arbeit,

36 Prozent erstreben Auto, Video etc.,

24 Prozent eine eigene Wohnung,

11 Prozent ein Leben im Luxus, viel Geld,

9 Prozent wünschen sich eine private Firma oder Werkstatt.

Aufschlußreich auch die unterschiedliche Beantwortung von zwei verschiedenen Fragen über zeitgenössische Führer.

Wen schätzen (respektieren) Sie am meisten?

45,7 Prozent Michail Gorbatschow,

29,7 Prozent Papst Johannes Paul II.,

9,5 Prozent General Jaruzelski.

Für wen haben Sie große Sympathien?

95,6 Prozent Papst Johannes Paul II.,

76,2 Prozent Michail Gorbatschow,

64 Prozent General Jaruzelski.

Alle, die ich sprach, sind in irgendeiner Weise enttäuscht über die Bundesrepublik, vor allem darüber, daß die nach dem Genscher-Besuch im Januar ins Leben gerufenen drei Kommissionen, die so viele Hoffnungen geweckt hatten, nicht weiterkommen. Es fehle der politische Wille, so heißt es. Józef Czyrek, der soeben in der Bundesrepublik war, findet, es gebe viele gute Worte, aber kein Engagement für eine Wende in den Beziehungen. Der stellvertretende Außenminister Olechowski, einst Polens glanzvoller Botschafter in Bonn, stellt sich vor, welche Erleichterung es bedeuten würde, wenn die Bundesrepublik Polen genau wie Mexiko die Schuldzinsen für zwanzig Jahre stornieren würde. Natürlich sind alle geblendet vom angeblichen Reichtum der Bundesrepublik. »Man muß sich das einmal vorstellen«, sagte Gornicki, der Berater des Generals, »80 Milliarden Mark Exportüberschuß in der Leistungsbilanz.« Auch Jaruzelski selbst macht aus seiner Enttäuschung keinen Hehl.

Es ist wahr, der Moment ist gekommen, in dem Polen – und nicht nur Polen – Hilfe braucht, in dem Hilfe einfach notwendig ist und sich auch lohnt; schließlich ist es das erste Mal, daß der Osten – ausgehend von Gorbatschows neuem Denken – den Wert privater Initiative, selbständiger Entscheidungsmöglichkeit und mehr persönlicher Freiheit entdeckt, dies aber nicht praktizieren kann, weil alle Kräfte gefesselt sind durch die enormen Schulden. In Polen reichen alle Exportanstrengungen – die Verknappung von Kohle und Fleisch im Inland – nicht einmal aus, um den Zinsverpflichtungen nachzukommen.

Und die Reformen? Das, was die Bevölkerung bisher davon zu spüren bekam, sind drei Preiswellen in diesem Jahr; als Kompensation bekommt jeder Bürger monatlich 6000 Złoty, das sind zwischen 20 und 25 Prozent des Durchschnittsgehalts.

Mit dem Untergang des Mythos Marxismus ist ein neuer magischer Begriff aufgetaucht: Reform. Es geht bei den Streiks daher auch nicht, wie 1980, um politische Ziele, sondern um wirtschaftliche, jedenfalls bisher. Damals durfte der Westen nicht helfen, heute muß er es, denn dies ist ein historischer Moment. Wenn die EG als Ganzes sich nicht enschließen kann, ist das für uns kein Grund zum Nichtstun: Bonn sollte Warschau bei den Schulden entgegenkommen. Polen – unser Nachbar seit tausend Jahren – hat es nicht nur nötig, wir schulden es ihm auch.   *6. Mai 1988*

Die Fesseln des Systems sind gesprengt

Nach acht Jahren zähen, schweigenden Widerstandes haben Walesa und die Solidarność jetzt, wenn auch nicht gesiegt, so doch mehr erreicht, als sie sich damals erträumt hatten. Dennoch: Begeisterung kommt nicht auf.

Zwar sind sowohl die Arbeiterführer und Intellektuellen, also die führenden Oppositionellen, als auch die Regierung von ungewohnter Aktivität erfaßt: immer neue Konferenzen, nicht endende Diskussionen, hochfahrende Pläne. Nagende Sorgen wechseln mit hoffnungsvollen Visionen, auch Schuldzuweisung und Besserwisserei. Aber das Volk ist nach vierzig Jahren aufeinandergetürmter Enttäuschungen so desillusioniert, so resigniert, ist so skeptisch geworden, daß die Menschen erst einmal ungläubig abwarten, ob die Lebensbedingungen wirklich erträglich werden.

Dabei hinge jetzt doch alles davon ab, daß es gelingt, die Bevölkerung zu motivieren, ihr zu beweisen, daß es Zweck hat und Nutzen bringt, sich ins Zeug zu legen. »Wir leben heute, nach vierzig Jahren, noch so, wie ihr 1949, nach einem verlorenen Krieg«, sagte ein polnischer Freund, der zum ersten Mal in der Bundesrepublik war und den Wohlstand bestaunte.

Man muß sich das einmal vorstellen: Es ist die dritte Generation, die jetzt in graue Hoffnungslosigkeit geboren wird. Seit 1939 kennen die Polen nur Krieg, Zerstörung, Knappheit und deprimierendes Sich-bescheiden-Müssen. Ihnen ist ein System aufgezwungen worden, das zur Vergeudung, zur Mutlosigkeit und Passivität erzieht.

Nun aber sind sie dabei, mit zielstrebiger Pfiffigkeit zunächst aus dem Gefängnis des politischen Systems auszubrechen. Der Anfang ist gemacht. Sie haben es fertiggebracht, in das Zwangsschema einer kommunistischen Verfassung deren Antithese zu infiltrieren: freie Wahlen und Pluralismus. Sie haben das Monopol der Partei und des Staates aufgebrochen – populär ausgedrückt: Sie haben die beiden Grundüberzeugungen des Systems, die da lauten: »Die Partei hat immer recht« und »Eigentum ist Diebstahl« außer Kraft gesetzt. Denn jetzt gibt es eine institutionalisierte Opposition, und Privateigentum wird auch in Industrie und Gewerbe gefördert.

Wer hätte für möglich gehalten, daß die Kommunistische Partei – nicht von oben, wie in Rußland – sondern von unten, und dies ohne Revolution und Blutvergießen, gezwungen werden könnte, Macht abzugeben, die Macht zu teilen? Die Schlußdokumente der Verhandlungen am Runden Tisch – ein Paket von bindenden Vereinbarungen zwischen Regierung und verschiedenen gesellschaftlichen Gruppen der Opposition – stellen quasi eine neue Verfassung dar.

Die Verfassung verordnet eine Präsidentschaft mit großen Vollmachten, ähnlich der französischen Verfassung, sie garantiert der Opposition im Parlament 40 Prozent der 460 Sitze, errichtet eine zweite Kammer, den in freier Wahl gewählten Senat, der ein aufschiebendes Veto gegen Entscheidungen des Parlaments hat, und sie setzt einen Obersten Gerichtshof ein, dessen Mitglieder – von einem unabhängigen Richterausschuß gewählt – unabsetzbar sind. Auch wird der Opposition eine eigene Zeitung mit einer Auflage von 500 000 Exemplaren zugestanden.

Wie das alles möglich war? Daß mit Hilfe von viel Improvisation aus Streik, Ratlosigkeit, Verzweiflung, Zufällen, Boykott, Nachgiebigkeit und Konfrontation dann schließlich doch Konsens wurde, das ist eine typisch polnische Geschichte; vermutlich ist dies nur einem Volk möglich, das gelernt hat, mit radikaler Härte, geschmeidigen Kompromissen und sehr viel Schlitzohrigkeit durch die Jahrhunderte zu kommen. Es ist ein Lehrstück eigener Art, und da der Initiator, der den ersten Schritt tat, mir den Ablauf selbst erzählt hat, sei dieser hier in Stichworten berichtet.

Es ist August 1988. Eine Streikwelle, in den oberschlesischen Bergwerken begonnen, weitet sich aus und erschüttert das Land. Am 19. jenes Monats faßt Stelmachowski, Vorsitzender des Klubs der Katholischen Intelligenz (KIK), Professor für Jura an der Universität in Warschau, den Plan, Cyrek, den wichtigsten Mann im Politbüro, zu Rate zu ziehen. Beide sind sich schnell einig, daß es so nicht weitergehen kann. Jaruzelski wird gefragt, und dann erhält Stelmachowski, der weder Mitglied der Partei noch der Solidarność ist, aber die Achtung aller genießt, den Auftrag, nach Danzig zu fahren.

Zwei Tage vergehen in endlosen Debatten mit Walesa und dem Streikkomitee. Jede Seite will ihr Prestige wahren und verlangt, daß der Vorschlag zu Verhandlungen vom anderen ausgehe – Kompromiß: Walesa wird für Unterbrechung des Streiks sorgen, wenn die Einladung an ihn vorliegt. Am 31. August trifft er sich mit Innenminister Kiszczak. Sowohl dieser als auch General Jaruzelski sind bereit zu einem Dialog am Runden Tisch, obgleich die Regierung noch vor nicht langer Zeit erklärt hatte: »Mit denen an einem Tisch – niemals.«

Sehr schnell geraten beide Seiten in Schwierigkeiten. Walesa wird von den Radikalen und Jungen beschimpft, es sei Verrat, mit diesem System zu paktieren, und die Regierung bekommt es mit den Betonköpfen in der Partei zu tun. Von 49 Woiwodschaften protestieren 39, weil sie den Zusammenbruch der Partei befürchten, wenn die Solidarność zugelassen wird; die härtesten von ihnen werden daraufhin kurzerhand durch reformfreudigere ersetzt. Immer, wenn alles sich festläuft, weil eine unerfüllbare Bedingung gestellt oder mit dem Abbruch der Verhandlungen gedroht wird, tritt die Kirche in Aktion, meist diskret, gelegentlich auch offiziell.

Walesa geht es vor allem um die Wiederzulassung der Solidarność, aber die Partei, die jene als »eine Bande von Extremisten« zu bezeichnen pflegte, weigert sich hartnäckig. Schließlich, Anfang November, bei Mrs. Thatchers Besuch in Warschau, stellt sich zur Verwunderung der Regierung heraus, daß die Eiserne Lady, die zu Hause mit den Gewerkschaften aufgeräumt hat, in Polen deren Partei ergreift. Auch das übrige Ausland reagiert kritisch: Genscher, der Ende November Ministerpräsident Rakowski in Wien treffen sollte, sagt ab, trifft aber Mitte Dezember Walesa in Paris. Der Regierung wird es ungemütlich. Sie verfällt darauf, den Chef der offiziellen Gewerkschaft, Politbüromitglied Miodowicz, im Fernsehen gegen Walesa antreten zu lassen, in der Gewißheit, dieser gewandte Funktionär werde dem kleinen Werftarbeiter schon heimleuchten.

Aber das Gegenteil tritt ein, alle sind sich einig: Weit überlegen, weil viel überzeugender, war Lech Walesa. Nachdem es ihm schon zwei Monate zuvor gelungen war, den Streik zu stoppen, wird er nun endgültig als der entscheidende Partner akzeptiert. Dennoch scheint dann noch einmal alles am Veto der Partei zu scheitern. Kurzerhand erklären daraufhin Jaruzelski, Rakowski und Kiszczak – die drei zur Reform entschlossenen –, unter diesen Umständen sähen sie sich gezwungen, ihre Positionen zu räumen. Da alle Beteiligten wissen, daß sie ohne den Schirm des Militärs machtlos sind, lenken alle ein. Am 5. April wurde unterschrieben und am 17. die Solidarność beim Gericht offiziell als Gewerkschaft eingetragen. Es war ein bewegender Moment, den ich miterlebte, weil ich gerade in Warschau war.

Die Polen haben also in einer riesigen Kraftanstrengung sich selbst aus den Fesseln ihres Systems befreit. Aber das ist nur der erste Teil des Kunststücks – der zweite, die Wirtschaft wieder in Gang zu bringen, den können sie aus eigener Kraft nicht schaffen. Da muß der Westen helfen.

Der trostlose Zustand der Wirtschaft hat mancherlei Gründe. Auch die Polen selbst sind keineswegs ganz unschuldig daran. In erster Linie aber ist er doch auf das ihnen aufgezwungene System zurückzuführen: auf den Unsinn einer zentralen Planung, die Monopolstellung der staatseigenen Industrien sowie den leistungsfeindlichen, falsch verstandenen Grundsatz allgemeiner Gleichheit.

Vieles hat sich in den letzten Jahren schon geändert. Es gibt heute 400 000 private Firmen mit einer Million Beschäftigten.

Etwa 25 Prozent des Bruttosozialprodukts stammen aus privater Produktion (17 Prozent Landwirtschaft, 7 Prozent Industrie), fünfzig Joint-ventures funktionieren bereits, über weitere fünfzig wird verhandelt. Im letzten Jahr wurden verschiedene Gesetze erlassen, die den Verkehr mit dem Westen erleichtern und zu privaten Investitionen anreizen. Dazu kommt: Die Löhne sind niedrig und die polnischen Facharbeiter qualifiziert. Dies alles aber kann sich nicht auswirken, weil keine Devisen für Ersatzteile und Rohstoffe zur Verfügung stehen.

Glücklicherweise hat Präsident Bush ein großzügiges Programm von acht Punkten verkündet, das er dem Kongreß zur Annahme empfehlen will; desgleichen hat Frankreich Hilfe zugesagt; und die Bundesregierung verhandelt über ein Bündel von Unterstützungsmaßnahmen. Wir könnten den Polen am nachhaltigsten mit Streichung der Schulden helfen, die nicht unter das Regime des Pariser Clubs der Gläubigerstaaten fallen. Unsere Banken haben ihre Kredite weitgehend abgeschrieben, denn sie wissen, daß diese nie zurückgezahlt werden können. Was allein sie an der Streichung hindert, sind die Zinszahlungen, die sie sich nicht entgehen lassen wollen. Aber gerade sie sind es, die das Land nicht hochkommen lassen. Sollte dies für uns nicht Grund genug sein, den schiffbrüchigen Nachbarn einen Rettungsring zuzuwerfen? *5. Mai 1989*

Rafft sich der Westen zu einer Rettungsaktion auf?

Wer immer noch nicht wahrhaben will, daß wir an der Schwelle einer Zeitenwende stehen, dem sollten wenigstens die Gipfel-Besuche der letzten vier Wochen diese Erkenntnis vermitteln: Gorbatschow, der Chef der östlichen Supermacht, besuchte die potentiellen Gegner im Westen und wurde von allen freudig – in der Bundesrepublik sogar begeistert – begrüßt; und nun hat der Chef des westlichen Bündnisses im Parlament in Warschau eine Ansprache gehalten, in der er den bisher stets verteufelten General Jaruzelski pries. In Danzig wurde Bush dann von den Arbeitern umjubelt.

Es war eine große Rede, mit der Amerikas Präsident im polnischen Parlament die Zukunft beschwor. Eine Rede, garniert mit historischen Visionen: »Europa wird wieder ganz sein, und es wird frei sein . . . Hier hat die Teilung und auch der Kalte Krieg begonnen, und hier und heute beginnt eine neue Welt . . .« Bush sprach frei, war gelöst, fast heiter. So, wie der große Pole Kopernikus die Welt verändert habe, sagte er, so gehe jetzt von dieser tapferen Nation und ihrer mutigen Führung eine Wende der Geschichte aus.

Solch bewundernde Anerkennung war Balsam auf die Wunden, die das Schicksal diesem Volk geschlagen hat. Sie war ein Zeichen dafür, daß die bittere Zeit der Isolierung beendet ist – aber sie bot wenig konkrete Hoffnung auf umfassende Wirtschaftshilfe aus Washington. Auf sie aber kommt es an.

In einer gewaltigen, über Jahre durchgehaltenen Kraftanstrengung ist es den Polen gelungen, sich von einem politischen System zu befreien, das sie gegen ihren Willen in Gefangenschaft gehalten hat; wirtschaftlich aber bleiben sie gefesselt an die

Schulden, die jene Kommunisten dem Lande aufgeladen haben. Das Ziel der politischen Umwälzung, die in Polen im Gange ist, lautet: Mehr Markt, private Initiativen, Pluralismus, Dezentralisierung der Entscheidungen. Die Opposition ist zu diesem Programm fest entschlossen, und auch die Regierung weiß, daß es auf die bisherige Weise einfach nicht mehr weitergeht.

Dafür aber ist ein Kreditrahmen notwendig, der es erlaubt, Rohstoffe und Ersatzteile zu importieren, Investitionen vorzunehmen. Bei 100 Prozent Inflation und einer Bevölkerung, die in Apathie und Skeptizismus versunken ist, weil sie seit fast einem halben Jahrhundert nur Verfall kennt, Knappheit und Sich-fügen-Müssen, sind Motivation und Anreize das Wichtigste. Wo aber sollen die Mittel dafür herkommen, wenn nicht aus dem Westen?

Wenn ein benachbartes Volk von fast 40 Millionen heute noch so leben muß wie wir im Jahr 1949, dann wäre es unbegreiflich, wenn ihm, für dessen Misere wir überdies mitverantwortlich sind, nachhaltiger Beistand versagt würde. Es wäre ein Zeichen jämmerlichen Kleinmuts, wenn in unseren christlichen Breiten die Freiheit, über die wir verfügen, nicht genutzt würde. Denn darüber muß man sich klar sein: Wenn das grandiose Experiment scheitert, ohne Krieg, ohne Revolution, ohne Blutvergießen aus dem Kommunismus nach und nach eine Demokratie zu entwickeln, dann werden nicht nur Polen und der Osten, dann werden wir alle um Jahrzehnte zurückgeworfen.

Gewiß, Bonn hat es schwerer als Amerika, das vergleichsweise weit geringere Forderungen an Polen hat. Der Bundesrepublik schuldet das Land 17 Milliarden Mark; davon stehen 14 Milliarden im Pariser Club, die praktisch seit Jahren nicht verzinst werden. So ist es denn kein Wunder, wenn angesichts der polnischen Forderungen, diesen Beträgen noch weitere sieben Milliarden hinzuzufügen, das Schreckensbild vom »Faß ohne Boden« beschworen wird. In langen Verhandlungen sind die polnischen Vorstellungen schrittweise auf drei Milliarden zurückgeschraubt worden, aber den Vorschlag Bonns, nicht über die Höhe zu reden, sondern die Festlegung nach oben offen zu lassen und erst einmal zu beginnen, haben die Polen noch nicht beantwortet.

Nicht zutreffend hingegen ist der Vorwurf, den man immer wieder hört, die Polen hätten keine präzisen Projekte – nur solche aber sollen finanziert werden. Warschau hat eine lange Liste aufgestellt. Aber es ist nicht die Sache der Bonner Regierung, Partner für solche Projekte zu suchen, das müssen die Polen schon selber tun. Angesichts der polnischen Ungewißheiten – wird ein Kommunist die Präsidentschaft übernehmen und ein Mitglied der Opposition das Ministerpräsidentenamt? Was wird überhaupt werden? – zögern die Firmen mit großen Investitionen.

Bonn hat im *bilateralen* Verhältnis fest zugesagt, großzügig bei der Umschuldung vorzugehen und auch bei Hermes-Krediten, ferner den Jumbo-Kredit von einer Milliarde Mark zum Teil zu erlassen, zum Teil zu »Złoty-sieren«. *Multilateral* ist die Bundesrepublik bei den Verhandlungen im Pariser Club vertreten und wird dort auf eine einsichtsvolle Regelung drängen.

Alles kommt jetzt auf eine konzertierte Aktion der sieben großen Industrienationen an. Ihre Führer wollen nächste Woche auf dem Wirtschaftsgipfel in Paris ein Programm für Polen und Ungarn beschließen; dieses Thema soll der Schwerpunkt der Konferenz werden. Also doch noch ein Silberstreif am dunklen Horizont der polnischen Ratlosigkeit. *14. Juli 1989*

Alte und neue Ängste

Wenn man in diesen Tagen von Ost-Berlin nach Warschau reist, kommt man aus dem Staunen nicht heraus: Es ist, als seien die Rollen der Deutschen und Polen auf seltsame Weise vertauscht. Da war uns doch immer gesagt worden, die DDR sei das stärkste und wichtigste Land im östlichen Bereich, weil es über die besten Fachkräfte verfügt und seine Produktionsstätten technologisch am besten ausgerüstet sind. Nun sind die Menschen endlich der kommunistischen Unterdrücker ledig und der massiven Hilfe Bonns gewiß, aber dessen ungeachtet sind sie mutlos, deprimiert, verzweifelt.

Katastrophenstimmung hängt über dem Land, lastet auf den Menschen, die nur ein Gedanke zu erfüllen scheint: weg von hier, auf nach Westen. Wie die Lemminge wandern sie in einem nicht endenden Strom Richtung Bundesrepublik. Anfangs sah man noch hin und wieder trotzige Plakate »Wir bleiben hier« – die gibt es nicht mehr.

Und dann Polen: Die Regierung in Warschau hat dem Lande eine unerhört schmerzhafte Roßkur verordnet. 90 Prozent aller Subventionen wurden gestrichen und am 1. Januar die meisten Preise freigegeben. Die Reallöhne sind daraufhin um 30 Prozent gesunken. Obgleich die Preise auf dem nunmehr freien Markt in schwindelnde Höhe gestiegen sind, dürfen die Löhne unter Androhung hoher Strafen nicht angehoben werden.

Ich hatte von der letzten Reise vor sechs Monaten noch 4000 Złoty in der Tasche. Damit konnte man damals vom Flugplatz in die Stadt und auch zurück fahren. Heute bringen einen 4000 Złoty noch nicht einmal um drei Straßen weiter; die Summe, die der Tachometer anzeigt, muß mit hundert multipliziert werden. Damals wurde man schon, ehe man das Hotel betreten hatte, flüsternd angesprochen: »You change money«? Heute gibt es keine Schwarzhändler mehr für Devisen. Der schwarze und der offizielle Kurs sind identisch. Die »innere Konvertibilität« ist hergestellt.

Und was tun die Polen? Sind sie verzweifelt, klagen sie? Nein. Erstaunlicherweise sind sie, die bisher noch jedesmal revoltierten, wenn die Regierung versuchte, die künstlich niedriggehaltenen Preise zu erhöhen, gefaßt, geduldig und einstweilen sogar noch voller Hoffnung.

Wie ist das zu erklären? Von Anfang an hat die neue Regierung eine umfassende Informationspolitik betrieben und sich bemüht, alle Entscheidungen transparent zu machen. Auf diese Weise ist es ihr gelungen, den Bürgern zu verdeutlichen, daß es keine Alternative zu dieser brutalen Politik gibt. Aber wichtiger noch: Die neue Regierung, die ja aus den Verhandlungen am Runden Tisch hervorging, in der die Solidarność eine entscheidende Rolle spielt, wird als eigene Regierung empfunden – im Gegensatz zu der bisherigen oktroyierten kommunistischen Obrigkeit. Die Regierung Mazowiecki wird, weil sie glaubhaft ist, vom Volk getragen. In der Popularität steht Mazowiecki zur Zeit mit 85 Prozent an erster Stelle, ihm folgt Kardinal Glemp mit 79 und erst an dritter Stelle Lech Walesa mit 72 Prozent.

Bei dem Begriff »eigene Regierung« fällt mir die Geschichte ein, die mein Freund Jan Szczepanski einmal erzählte. In seiner Heimat – den Karpaten – gibt es einen Ort, der Mukaczewo heißt, ein Einwohner dieses Städtchens wird nach seinem Lebenslauf gefragt. Er berichtet: »Ich wurde in Österreich geboren, bin in Ungarn in die Schule gegangen, habe in der ČSSR Militärdienst geleistet, war bei den Deutschen im Gefängnis und habe jetzt einen sowjetischen Paß.«

»Da sind Sie aber viel herumgekommen«, staunt der Frager. Antwort: »Nein, ich habe in meinem ganzen Leben Mukaczewo nie verlassen.«

Diese Geschichte ist natürlich nicht zu verallgemeinern, aber zum Thema »eigene Regierung« sagt sie schon etwas aus. Die Polen sind ein leidgeprüftes Volk: mehrfach geteilt, immer wieder von Fremden beherrscht und ausgebeutet. Darum sind sie skeptisch, auch argwöhnisch. Und darum ist für sie ganz klar: Wenn Bundeskanzler Kohl sich weigert, ein eindeutig klärendes Wort zur Order-Neiße zu sagen, dann muß etwas dahinter stecken.

Außenminister Skubiszewski sagt, man habe auch während Kohls Besuch in Warschau mit dem Kanzler gesprochen, der aber habe wieder seine stereotype Weigerung vorgebracht: Erst eine gemeinsame deutsche Regierung . . . Das gleiche Argument jetzt wieder in Washington, obgleich der Kanzler damit überall suspekt wird. Der Gewinn von ein paar Wählern – wenn dies denn der Grund sein sollte – kann den außerpolitischen Schaden rund um den Globus gar nicht aufwiegen. Die *New York Times* nannte Kohl einen »kunstvollen Trickser«, die *Washington Post* erklärte: »Kohl macht einen schweren Fehler, wenn er in der Frage der Grenze weiter mit Worten spielt.«

Die Folge solcher Weigerung ist, daß nun, da das Mißtrauen einmal erwacht ist, die Polen sich mit einer simplen Erklärung nicht mehr zufriedengeben, sondern einen Vertrag verlangen (nicht unbedingt einen Friedensvertrag, aber einen Grenzvertrag). Und sie wünschen jetzt, bei den Gesprächen 2 plus 4 dabeizusein; jedenfalls in jenen Phasen, in denen es um Grenzen und um Sicherheit geht.

Es ist unnütz wie ein Kropf, daß die längst erledigte Grenzfrage nun wieder alle Gemüter aufschreckt. Auch Präsident Jaruzelski spricht von der Oder-Neiße. Er wirkt übrigens in seinem Präsidentenpalais viel gelöster als früher. Eine schwere Bürde scheint von ihm genommen: Seine Erfindung mit dem Runden Tisch bewundern auch jene, die ihm, wie Adam Michnik – der übrigens politisch immer mehr hervortritt –, lange Zeit wegen des Kriegsrechts grollten. Als Hüter der Nation ohne Parteizugehörigkeit scheint er sich wohl zu fühlen.

Mit einem gewissen Sarkasmus bemerkt Jaruzelski, die Polen müßten eigentlich Kanzler Kohl ein Denkmal setzen: »Noch nie haben wir von Washington über London und Paris bis Moskau eine so einhellige und intensive Unterstützung unserer Wünsche erfahren wie in der Sache der Westgrenze. Schlimm ist nur, daß es den Radikalen Argumente zur Hetze gibt.«

Das Ziel der Wirtschaftsreform, die die Regierung als eine Art von Schocktherapie dem Lande verordnet hat, ist einmal, die Inflation, die Ende vorigen Jahres 900 Prozent erreicht hatte, in den Griff zu bekommen und gleichzeitig den Sprung von der zentralen Planwirtschaft in die Marktwirtschaft zu vollziehen. Einen solch abenteuerlichen Sprung hat bisher kein anderes Land gewagt. Die Polen, altbewährte Kavalleristen, sagen: »Einen breiten Graben kann man nur in einem Sprung nehmen, nicht in zweien.«

Die Geldverknappung, die für eine solche Therapie erforderlich ist, wird durch härteste Kreditrestriktionen erzwungen. Der Gouverneur der Zentralbank, Wladyslaw Baka, sagt: »Im Monat Januar hatten wir den Zins für Kredite auf 40 Prozent festgesetzt; im Februar wird er 20, im März 10 Prozent betragen.« Zum anderen sind seit dem 1. Januar 1990 außer für Milch und Quark – die Speisen der Ärmsten – fast alle Subventionen gestrichen, die Preise freigegeben, und der Złoty immer wieder abgewertet worden. Im Januar 1989 kostete ein Dollar 500 Złoty, heute dagegen 9000 Złoty.

Ergebnis dieser Therapie: Der Kaufkraftüberhang schwindet, die Läden füllen sich. Allerdings kann keiner kaufen: Jetzt gibt es Ware, aber das Geld fehlt. Alle müssen an ihre Reserven gehen, Dollarbeträge von ihrem Devisenkonto abheben oder die Devisen unter der Matratze hervorholen, um sie in Złoty einzuwechseln. Ein Professor berichtet, daß seine unentbehrlichen

Assistenten ihn verlassen, weil sie mit dem Gehalt nicht mehr auskommen. Insgesamt seien, so sagt er, eine Million Polen seit 1981 ausgewandert.

Auch die Produzenten schränken sich angesichts der teuren Kredite ein. Die Produktion ist in den letzten Monaten um 20 Prozent gesunken. Die große Frage ist: Werden die Fachleute den richtigen Moment erwischen, um die restriktive Politik zu stoppen und wieder Gas zu geben? Noch größer freilich ist das Fragezeichen: Werden die Leute weiter geduldig stillhalten, bis dieser Punkt erreicht ist, oder bricht zuvor die große Revolte aus?

Es ist eine Operation auf Tod und Leben, ein gefährliches Experiment am lebenden Organismus. Aber erste positive Konsequenzen zeichnen sich ab. Die Preise beginnen ganz langsam zu sinken. Zunächst hatten die Besitzer von Ware deren Preis hochgeschraubt, jetzt beginnt angesichts der mangelnden Käufer die Konkurrenz ihre Wirkung zu tun: Die Preise lassen nach.

Aber in Fachkreisen spürt man die Nervosität. Wie nach einer Operation, bei der der Arzt mit der Uhr in der Hand neben dem Patienten steht, Temperatur mißt und den Blutdruck kontrolliert, wird nur noch in ganz kurzen Fristen gerechnet. Es heißt »in der letzten Januarwoche ...« oder »in den beiden ersten Februarwochen ...«

Für Juli wird mit 400 000 Arbeitslosen gerechnet, Ende des Jahres mögen es eine Million oder mehr sein. Eine Sozialversicherung ist in Vorbereitung, es gibt überdies sehr verständige Umschulungsmaßnahmen, auch Anreize, neue Arbeitsplätze zu schaffen. Bei einer allmählichen Normalisierung der Wirtschaft, so glaubt die Regierung, und angesichts der geringen Zahl der im Dienstleistungsgewerbe Beschäftigten – es sind nur 30 Prozent – sollte es möglich sein, die Arbeitslosen mit der Zeit wieder einzugliedern.

Weltbank und Weltwährungsfonds anerkennen die mutigen Bemühungen Polens, desgleichen der Pariser Club, der dem

Land gerade eine Umschuldung für fast zehn Milliarden gewährt hat; aber leider nutzt das nicht allzuviel, weil die gestundeten Zins- und Tilgungsraten die Summe der Schulden erhöhen. 1980 betrugen die Schulden Polens etwas mehr als 20 Milliarden Dollar, heute sind es 41,5 Milliarden, obgleich das Land inzwischen 20 Milliarden an Zinsen und Tilgung zurückgezahlt hat.

Die Europäische Gemeinschaft und auch die Gruppe der 24 Industrienationen versuchen zu helfen. Sie haben Lebensmittel im Wert von 380 Millionen Ecu bereits ausgeliefert, 780 000 Tonnen Weizen sollen noch kommen, und die Amerikaner haben 200 000 Tonnen Mais versprochen. Der Internationale Währungsfonds hat einen *Stand-by*-Kredit von 700 Millionen Dollar für die Wirtschaftsreform gewährt und einen Stabilisierungsfonds von einer Milliarde Dollar.

Besonders schwierig ist die Situation der Bauern, weil sie infolge der langen Produktionsperiode von der Erhöhung der Zinsen noch härter getroffen werden als andere. Vor einigen Wochen hat sich ein Bauer im Parlament an eine Säule gekettet, um auf seine Misere aufmerksam zu machen: Die Bank hatte ihm im vorigen Jahr 60 Millionen Złoty Kredit gewährt; jetzt, im Januar 1990, verlangt sie dafür 24 Millionen Złoty Zinsen. Gerade die modernen Bauern, die intensiv wirtschaften, teure Maschinen gekauft haben (der kleinste Trecker kostet 30 Millionen Złoty) oder den ebenfalls sehr teuer gewordenen, künstlichen Dünger, machen jetzt Pleite.

Der Erfinder und Steuermann der Wirtschaftsreform ist der 43jährige Leszek Balcerowicz, seit September 1989 Finanzminister. Balcerowicz hat an der St. Johns University in New York studiert und steht in enger Verbindung mit Professor Jeffrey Sachs, dem bekannten Ökonomen von Harvard. Ich saß bei einem Essen in Warschau neben Professor Zbigniew Kamecki, der mir erzählte, Balcerowicz sei ein Schüler von ihm.

»Er hat 1975 bei mir promoviert.«

»Was war denn das Thema seiner Dissertation?«

Die verblüffende Antwort: »Er hat eine wissenschaftliche Arbeit über die verschiedenen Phasen der Marktwirtschaft geschrieben.«

Das Geheimnis Polens scheint überhaupt darin zu bestehen, daß die Polen dank der Solidarność neun Jahre Zeit hatten, über Wirtschaftsreformen nachzudenken. Sie sind also nicht, wie die DDR, von den Ereignissen überrumpelt worden.

Viele ergreifen nun die Gelegenheit, hier und da entstehen kleine Unternehmen, allmählich erwachen die Geister. Aber es fällt den Polen schwer, sich aus dem Beton zu befreien.

In diesen Tagen fand wieder einmal das Deutsch-Polnische Forum in Posen statt. Wer seit Jahren an diesen regelmäßigen Treffen teilgenommen hat, empfindet mit Freude das veränderte Klima. Waren die Teilnehmer bisher stets Vertreter von feindlichen Lagern, die sich entsprechend verhielten, so sind es jetzt unabhängige Menschen, die miteinander diskutieren. Beide Seiten scheinen fasziniert von der Herausforderung, gemeinsam ein neues Europa zu schaffen. Man ist bestrebt, alles aus dem Weg zu räumen, was da noch an Trümmern herumliegt. Selbst der jahrzehntelang bekämpfte Begriff Vertriebene wurde von den Polen akzeptiert.

Ein polnischer Senator bemerkte: »Zum ersten Mal werden wir bald richtige Nachbarn sein.« Die Mehrheit ist für die Wiedervereinigung Deutschlands, aber gegen seine Neutralisierung, und alle sind dafür, daß amerikanische Truppen in der Bundesrepublik bleiben. Immer wieder kam das Gespräch auf die Oder-Neiße und auf die Gefahr, daß diese nicht abgeschlossene Angelegenheit die Versöhnung unterminieren könnte. Einer meinte: »Es ist leicht, mit Kohls Verhalten Angst und Nationalismus zu schüren.«

Ein Argument lautete: »Bisher waren der Warschauer Pakt

und der große Bruder eine Garantie für unsere Westgrenze, jetzt ist ein Vertrag mit euch für unsere Sicherheit unerläßlich. Und ebenso unverzichtbar ist unsere Teilnahme an den 2 plus 4 Gesprächen, denn dabei dreht es sich ja auch um die sowjetischen Truppen in der DDR, von deren Dortsein wiederum ihr Hiersein bei uns abhängt.

Die Polen werden von zwei Ängsten geplagt: im Osten von der Instabilität der Sowjetunion, im Westen von der Wiedervereinigung Deutschlands. Sie denken noch immer in nationalstaatlichen Kategorien: »Zum ersten Mal wird unsere Außenpolitik von uns gemacht und nicht von irgendwelchen Funktionären.« Dabei machen sie sich nicht klar, daß wir große Teile unserer Souveränität abgegeben haben. Sie sagen, heute ist Deutschland schon so mächtig – was wird erst sein, wenn der andere Teil dazu gekommen ist?

Ein unerwarteter, keineswegs geplanter Vorgang ließ plötzlich in der auf Versöhnung eingestellten Posener Versammlung ein Ereignis aus der Vergangenheit aufleuchten. Es vermittelte einen Hauch von polnischer Bravour und deutscher Besinnlichkeit. Am Tag vor seiner Abreise nach Posen hatte eine Dame aus Köln bei Karl Dedecius angerufen, dem Direktor des Deutschen Poleninstituts in Darmstadt: Sie brauche einen Rat. Ihr vor kurzem verstorbener Vater habe ihr auf dem Totenbett aufgetragen, unbedingt dafür zu sorgen, daß eine Trompete, die nach Polen gehöre, wieder dorthin zurückgelange.

Mit dieser Trompete hat es folgende Bewandtnis: Der Vater der Dame, ein Herr Tillesen, war seinerzeit Major der Artillerie im Feldzug gegen Polen. An einem der ersten Tage des September 1939 ritt ein polnisches Kavallerieregiment unter dem Schmettern der Clairons einen Sturmangriff gegen seine Artillerieeinheit. Man kann sich unschwer vorstellen, daß die Metzelei, die dies zwangsläufig zur Folge hatte, den Major sein Leben lang verfolgt hat. Darum wollte er die mit einer Art Schabracke geschmückte, damals erbeutete Trompete wieder in den Händen der Polen wissen.

Auf die Nachricht von der bevorstehenden Reise nach Polen kam noch selbigen Tages ein Familienmitglied von Köln nach Darmstadt gereist und übergab Dedecius die Trompete, die er nun den polnischen Partnern aushändigte. So kam denn dieses Feldzeichen eines grausamen Krieges nach fünfzig Jahren zurück in seine hoffentlich für immer friedliche Heimat.

2. März 1990

Unter dem Schock der Freiheit
Osteuropa zwischen Hoffnung und Sorge – Erwägungen bei einem Seminar in Krakau

Krakau, im Oktober

Fünfundzwanzig Jahre, ein Vieteljahrhundert, hat sie gelebt und gewirkt, in der vergangenen Woche wurde sie – geehrt durch ein großes, internationales Seminar – zu Grabe getragen: die Fondation pour une Entraide Intellectuelle Europeenne. Die Stiftung war in Paris angesiedelt und hatte sich zur Aufgabe gemacht, Intellektuelle aus kommunistischen Ländern durch Stipendien oder Buchsendungen zu unterstützen, sofern die Betreffenden entschlossen waren, wieder in ihre Länder zurückzukehren. Denn wenn die Fondation politische Emigration begünstigt hätte, wäre es mit ihrer Tätigkeit sehr bald zu Ende gewesen.

So aber ist es gelungen, in den zurückliegenden 25 Jahren 3000 unabhängigen Intellektuellen eine Studienreise nach Westeuropa in das Land ihrer Wahl zu ermöglichen und 15 000 individuell erbetene Bücher in den Osten zu senden.

Zu dem Abschlußseminar, das jetzt in Krakau stattfand, waren etwa achtzig der ehemaligen Schützlinge erschienen. Aus allen Ländern waren sie gekommen, aus Polen, Ungarn, der Tschechoslowakei, Bulgarien, Rumänien, Jugoslawien, Litauen, Lettland, Estland. Noch nie seit vierzig Jahren waren Bürger aus all diesen ehemals kommunistischen Staaten auf einer Veranstaltung zusammengetroffen. Man staunt: Welche Vielfalt an Nationalitäten hat da in diesem engen Raum durch Jahrhunderte nebeneinander existiert – eingezwängt zwischen dem russischen, dem deutschen, dem ottomanischen Reich und dem der Habsburger, zuweilen auch überlagert oder verschluckt von ihnen.

Ein Slowake meinte: „Daß in diesem Teil der Welt verschiedene Kulturen und viele kleine Nationen so dicht nebeneinander wohnen, ist der Grund dafür, daß Instabilität hier so leicht zu Konflikten führt." Und der französische Professor Jacques Rupnik, Vorstandsmitglied der Fondation, pointierte: „Diese Völker haben andere Erfahrungen. Sie haben mehr Probleme, aber auch mehr Weisheit als der Westen. Sie wissen, daß es keine Sicherheit gibt, keinen endgültigen Sieg und keinen permanenten Frieden."

Mir wurde dort in Krakau deutlich, daß der Nationalismus, den wir Westler mit soviel Skepsis betrachten, für die Existenz der Osteuropäer einfach unentbehrlich war. Nur so konnten sie den Kampf um ihre Identität führen und schließlich ihre Freiheit erringen. Nun, da dies erreicht ist, hängt alles davon ab, daß sie wieder zu normaler Liberalität zurückfinden.

Eine junge Dichterin aus Estland sagte, und in ihrer Stimme schwang Sorge mit: „Ich weiß nicht, ob es möglich sein wird, unsere Sprache, die Sprache eines kleinen Volkes, zu bewahren, wir sind ja nur 1,5 Millonen Esten."

Ihr Landsmann meinte später: „41 Prozent unserer Bevölkerung sind Russen, die als Arbeiter für die neuen Industrien aus der Sowjetunion eingeschleust wurden." Es seien primitive Menschen, deren Wortschatz 700 Worte nicht übersteige. „Was soll aus uns werden? Wie können wir die je wieder loswerden?" Bei ihm schien der Gedanke nicht fern, daß dies ohne Gewalt wahrscheinlich nicht gehen werde.

Ein Jugoslawe vom „Institut für Europäische Studien" in Belgrad befand, die alten nationalistischen Ideen, durchsetzt mit neuen, totalitären Elementen, hätten das Vakuum gefüllt, das durch den Zusammenbruch des Kommunismus entstanden ist. Er warnte: „Wenn die Nation als absoluter Wert angesehen wird und als das Kriterium für Freiheit schlechthin, dann kann das rasch zu einer totalitären Entwicklung führen."

Die meisten der in Krakau Versammelten standen noch unter dem Schock der Freiheit, einer Freiheit, die sie sich so ganz anders erträumt hatten. Der ungarische Philosoph Elemer Hankiss beschrieb die überspannten Erwartungen sehr einleuchtend: „In der kommunistischen Ära wurde Freiheit zu einem allumfassenden Begriff, der sämtliche anderen Werte gleich mitlieferte: Glück, Zufriedenheit, soziale Gerechtigkeit, Liebe, Loyalität … Wir lebten in der Illusion, daß alle Probleme gelöst wären, sobald wir eines Tages die kommunistische Diktatur los sein würden. Und als dann die Freiheit kam und viele Probleme blieben, fühlten wir uns getäuscht und waren verwirrt. Wir konnten es nicht fassen, daß man in einer freien Gesellschaft hungern und frieren, daß man krank und sogar unglücklich sein kann."

Ratlosigkeit und viele Sorgen beherrschten diese Menschen. Adam Michnik sieht einen Konflikt heraufziehen zwischen dem Wunsch, als Demokratien nach Europa zurückzukehren, und der Versuchung, sich einem autoritären, nationalen Populismus zu ergeben. Also stellt sich die Frage: Soll man sich mit Haut und Haar der Assimilierung an den Westen hingeben oder aber versuchen, möglichst viel von der nationalen Identität zu bewahren?

Der polnische Philosoph Leszek Kolakowski sprach über die Sehnsucht nach nationaler Unschuld und über das damit zusammenhängende Bedürfnis, „die Denkmäler jener finsteren Epoche zu zerstören, als könne man die Vergangenheit auslöschen. Schatten liegen bei allen Völkern auf ihrer Geschichte – nicht nur bei den Deutschen."

Tatsache ist, daß die Revolution, die stattgefunden hat, mancherwärts mit einer gewissen Restauration Hand in Hand geht. Als Lech Walesa nach der Wahl zum Präsidenten die Insignien des Staatsoberhauptes entgegennahm, empfing er sie nicht von seinem Vorgänger Jaruzelski, der mit seiner Erfindung des „Runden Tisches" die Revolution möglich gemacht hatte, sondern von den Repräsentanten der polnischen Exilregierung, die seit vier Jahrzehnten in London residieren. Offensichtlich sollte die Kontinuität mit der Zweiten Republik symbolisiert und die Zeit danach ausgelöscht werden.

Immer wieder stößt man bei besorgten polnischen Intellektuellen auf jene Frage nach der Alternative. Sie fürchten, daß angesichts der Verlockungen, die der technisierten Konsumgesellschaft nun einmal anhaften, alles Kulturelle und Humane in den Hintergrund gedrängt wird. Ein kluger, differenzierter Beobachter sagte mir: „Die Jungen bei uns beginnen, sich weit mehr für modische Kleidung, für Karriere und Geld zu interessieren als für die polnische Kultur oder die politischen Probleme der Welt." Auch bedauerte er, daß nur noch amerikanische Filme aufgeführt werden und ganz allgemein die Diskussionen verflachen.

Übrigens klagen die Polen jetzt über einen „Russenmarkt", wie früher die Berliner sich über den „Polenmarkt" beschwerten; auch kommen viele Russen der höheren Löhne wegen nach Polen, wo sie wegen der wachsenden Arbeitslosigkeit vielfach scheel angesehen werden.

Die Lasten der Freiheit

Die Entfernung des trennenden Eisernen Vorhangs hat nicht nur Freiheit gebracht, sondern zugleich auch manche Laster ins Land gelassen, die man bisher allein dem Kapitalismus zuschrieb: Drogen, rapide steigende Kriminalität, rücksichtslosen Wettstreit um Erfolg, während doch bislang in diesen Breiten Gleichheit den höchsten sozialen Wert darstellte.

Schmerzhaft empfinden viele die Diskrepanz zwischen dem Wunsch, nach Europa heimzukehren, und der nicht zu übersehenden eigenen Rückständigkeit. In den vierzig Jahren der Isolierung und gegenseitigen Verteufelung haben sich Ost- und Westeuropa noch viel weiter auseinanderentwickelt, als dies durch die Begriffe Demokratie und Diktatur charakterisiert ist.

Die beiden Systeme, die ja nicht nur im Prinzipiellen und in ihren ethischen Auffassungen grundsätzlich verschieden waren, sondern auch im Zuschnitt des Alltags und in der Lebenseinstellung, haben zwei ganz verschiedene Menschentypen geschaffen, die sich nicht ohne weiteres mit Hilfe der Marktwirtschaft wieder über einen Leisten biegen lassen.

Der westliche Freiheitsbegriff deckt sich nicht mit dem östlichen. Bei uns heißt Freiheit Rechtsordnung und individuelle Menschenrechte, im kommunistischen Bereich bedeutete Freiheit ökonomische Bedarfsdeckung.

Ob es das überhaupt je wieder geben wird: eine gemeinsame europäische Kultur? Krakau war ein sehr geeigneter Ort, um darüber nachzudenken. Hier waren während der Renaissance Künstler, Gelehrte und Wissenschaftler aus der ganzen Welt tätig. Italiener bauten Paläste, deutsche Gelehrte übten großen Einfluß auf die polnische Kultur aus, vor allem Konrad Celtis, Gründer verschiedener humanistischer Gesellschaften, der als erster Deutscher vom Kaiser zum Poeta laureatus gekrönt wurde. Celtis hat wechselweise in Italien und in Krakau gelebt. Veit Stoß hat den größten Teil seines Lebens in Krakau gewirkt. Kopernikus – von deutschen Eltern in Thorn geboren – sprach zu Hause Deutsch, fühlte sich aber als Pole. Auch er hatte in Italien – in Bologna und Padua – studiert. Viele Polen lehrten an deutschen Universitäten; polnische Autoren veröffentlichten ihre Bücher in Köln; deutsche Verleger gründeten den ersten polnischen Verlag in Krakau. Das gemeinsame Erbe des Humanismus war zu jener Zeit wichtiger als nationale Bezüge.

„In jener Epoche", so schreibt der Polenkenner Karl Dedecius, „in der es weder Autos noch Flugzeuge gab, waren Rotterdam und Krakau, Krakau und Frankfurt, Breslau und Padua, Königsberg und Wien scheinbar nur einen Steinwurf voneinander entfernt."

Vor kurzem ist in Krakau ein „Internationales Kulturzentrum" unter der Präsidentschaft von Jacek Wozniakowski, Direktor der Znak-Verlage, gegründet worden. Bei der KSZE-Gipfelkonferenz im November in Paris hatte der Außenminister Polens vorgeschlagen, dieses Zentrum an die vergleichbaren Zentren westlicher Nationen anzuschließen, um so die Einheit Europas zu stärken.

Kann, wird es wirklich wieder eine europäische Kultur geben? Jahrhundertelang waren es philosophische Ideen, die die Politik beeinflußten. Die großen Denker und Schriftsteller waren verantwortlich für politische Konzepte. Montesquieu, der die amerikanische Verfassung und die Französische Revolution entscheidend befruchtet hat, ferner Rousseau, die Philosophen der Aufklärung, die Romantiker, Karl Marx – sie hatten großen Einfluß auf die geistigen Strömungen und damit auf die politischen Systeme ihrer Zeit.

Kosmopolit als Schimpfwort

Von der Renaissance bis zum Ersten Weltkrieg fand ein ständiger Dialog zwischen den Denkern der verschiedenen Nationen statt. Jeder kannte die Werke des anderen; Goethe sprach oft von „Weltliteratur". Karl Friedrich Schinkel, der preußische Baumeister, dessen 150. Todestag gerade gefeiert wird, war als Architekt und Planer überall in Europa tätig: nicht nur in Berlin und Potsdam, auch in Oslo, Athen, in Rußland und Polen.

Mit dem Ersten Weltkrieg fand diese kosmopolitische Epoche ihr

Ende. „Kosmopolit" war für Hitler ein Schimpfwort. Für Stalin stand das eigene Dogma an erster Stelle, alles andere verachtete er. Wird nun, da die Welt von jenen beiden Schurken befreit ist, noch einmal ein kosmopolitisches Klima entstehen?

Man spürte in Krakau die unterschwellige Sorge der Osteuropäer vor der fremden Welt des Westens, in der man sich offenbar nur noch für das Sozialprodukt, für Wachstumsraten und Exportziffern interessiert. Sollte da für den Geist wirklich genug Raum bleiben?

Die Fondation wird uns, den Betreuern und den Betreuten sehr fehlen. Kein Wunder, daß in Krakau hier und da der Gedanke auftauchte, ob man nicht etwas anderes, aber doch ähnliches neu gründen sollte. Vor allem, weil das Wichtigste noch da ist: ein wirklich einzigartig geeigneter, weil erfahrener und engagierter Mensch – Annette Laborey. Sie hat seit dreizehn Jahren die Fondation geführt und es verstanden, alle zu motivieren: die Spender und die Helfer.

Wenn auch die Länder Osteuropas heute frei sind, Hilfe – nicht nur materielle – werden sie noch lange brauchen.

11. Oktober 1991

Luchterhand Essay
Herausgegeben von Freimut Duve

Peter Bender
Unsere Erbschaft
Was war die DDR – was
bleibt von ihr?
160 S. Geb.

Klaus Bresser
Was nun?
Über Fernsehen, Moral und
Journalisten
176 S. Geb.

Klaus Hartung
**Neunzehnhundert-
neunundachtzig**
Ortsbesichtigungen nach
einer Epochenwende
220 S. Brosch.
auch SL 1066

Helmut Schmidt
**Einfügen in die Gemeinschaft
der Völker**
120 S. Brosch.

Johano Strasser
Leben ohne Utopie?
148 S. Brosch.

Marion Gräfin Dönhoff
Polen und Deutsche
Die schwierige Versöhnung
Betrachtungen aus drei
Jahrzehnten
220 S. Brosch.

Ivan Illich
Im Weinberg des Textes
Als das Schriftbild der
Moderne entstand
Ein Kommentar zu Hugos
»Didascalicon«
220 S. Brosch.

Armin Mueller-Stahl
Drehtage
»Music Box« und »Avalon«
180 S. Brosch.

Maria Neef-Uthoff
**Jetzt möchte ich schnell
an was Schönes denken**
Nachgelassene Texte
205 S. Brosch.

Hermann Timm
Geerdete Vernunft
Von der Lebensfrömmigkeit
des Okzidents
151 S. Brosch.

Barbara Duden
**Der Frauenleib als
öffentlicher Ort**
Vom Mißbrauch des Begriffs
Leben
139 S. Brosch.

EIN SIEDLER BUCH BEI GOLDMANN

Marion Gräfin
Dönhoff
**Kindheit in
Ostpreußen**

Ein Siedler Buch bei Goldmann

Joachim Fest
Im Eine italienische Reise
Gegenlicht

Ein Siedler Buch bei Goldmann

GOLDMANN

EIN SIEDLER BUCH BEI GOLDMANN

Helmut Schmidt
Menschen und Mächte

Ein Siedler Buch bei Goldmann

Hartmut Boockmann/Heinz Schilling/
Hagen Schulze/Michael Stürmer
Mitten in Europa
Deutsche Geschichte

Ein Siedler Buch bei Goldmann

Fritz Stern
Der Traum vom Frieden und die Deutsche Geschichte im 20. Jahrhundert **Versuchung der Macht**

Ein Siedler Buch bei Goldmann

Eines der erfolgreichsten und wichtigsten politischen Bücher unserer Tage.
Das große politische Buch eines Mannes, dem es nicht um die Schnörkel der Anekdoten, sondern um den Sinn der Geschichte geht. Einer der erfolgreichsten Sachbuchbestseller der letzten Jahre.
ISBN 3-442-12800-5

Vier der bedeutendsten deutschen Historiker bieten eine einmalige Gesamtschau der deutschen Geschichte.
ISBN 3-442-12807-2

Glanz, Versagen, Schuld und Tragik der deutschen Geschichte des 20. Jahrhunderts.
ISBN 3-442-12808-0

GOLDMANN

GOLDMANN

Politik, Zeitgeschichte

Meine Vision   12382

Deutschland, deine Kanzler   12311

Richard von Weizsäcker   12321

Die Alternative,
Demokratie statt Diktatur   12380

Goldmann · Der Taschenbuch-Verlag

GOLDMANN

Entdeckung anderer Kulturen

Asien   12323

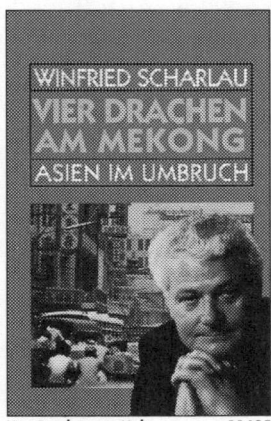

Vier Drachen am Mekong   11695

Chico Mendes   12403

Das alte Ladakh   11402

Goldmann · Der Taschenbuch-Verlag